まずはこの本から！

はじめての人の簿記入門塾

浜田 勝義 著

かんき出版

はじめに

簿記というと、「経理」というイメージがあるかもしれませんが、簿記を必要とするのは経理の人だけではありません。

営業職の人がライバル会社と価格競争をするときには、どれだけ値を下げられるか、客観的な数字をもとに策を練らなければなりません。エンジニアが新製品を開発する際にも、コストを考慮することが不可欠です。

簿記の知識が活きるのは、仕事にかぎりません。経済ニュースがわからなければ、たえまなく変化する時代の波についていくことはできません。簿記の知識があれば、これまでまったく理解できなかった経済ニュースがわかるようになります。投資を行う際にも、企業の決算書を読み込んで投資に値するかどうかを判断するために簿記の知識は必須です。

簿記とは、お金やものの出入りを記録・計算するための技術です。そして社会に生きているかぎり、お金やものの出入りと無縁でいることはできません。

つまり「簿記」は、誰もが知っておくべき一般教養知識といってもも過言ではないのです。各種簿記検定試験を毎年50万人以上が受験するのもうなずけます。

ところが、「簿記を勉強したいと思って入門書を読んでみたのですが、よくわかりません」という相談をよく受けます。

「簿記の入門書」と銘打った本はたくさん出ています。しかし、あるていど簿記の知識がないとついていけなかったり、逆にやさしくしようとするあまり内容を簡略化しすぎて、読んでもなにも残らないというのが実情のようです。これでは、はじめて簿記を学ぶ人は戸惑うばかりでしょう。

また、簿記というと「むずかしい」「つまらない」「わからない」といったマイナスイメージしか浮かばない、いわゆる「簿記アレルギー」という人もいます。苦手意識が強すぎるために、簿記のおもしろさがわかる前に、挫折してしまうのです。

このような点をふまえ、誰もが楽しく、簡単に読めてわかりやすい簿記の入門書を目指し、本書の執筆をスタートしました。

本書は、次のような特長を持っています。

1．マンガとイラストで楽しく読める

2．初心者がつまずきやすい点を重点的に扱っている

3．問題を解きながら覚えられる

1．各ＰＡＲＴの冒頭のマンガでは、ミサキちゃんとカズオくんという２人の人物が登場し、簿記の勉強をしていきます。簿記初心者の２人の悩みは、みなさんと重なる部分も多いでしょう。

マンガを読めば、それぞれのＰＡＲＴの簡単なポイントがわかりますから、楽しみながら読んでみてください。

2．簿記をはじめて勉強する人にとって、大きなカベとして立ちはだかるのは“簿記の用語”と“簿記の基本ルール”です。勉強を途中で断念してしまう人の多くは、むずかしそうな用語とルールでつまずいてしまうのです。

本書では、この２点をとくに丁寧に説明しています。とりわけ“仕訳のルール”については、他に類を見ないほど懇切丁寧に説明してあります。

3．簿記の勉強において大切なことは、「手を動かして体で覚える」ということです。**本書を読むときには、ぜひペンとノートを用意してください。**取引例や練習問題が出てきたら、実際に解いてみましょう。用語や基本のルールなども、紙に書いて暗記するとよいでしょう。

あとは、あなたの意欲にかかっています。本書の指示に従って勉強していただければ、簿記の基本がしっかりと身につき、ゆるぎない自信が芽生えることと確信しています。

本書で基本をしっかり学習され、簿記の知識を持った仲間の一員に加わられんことを心から願っております。

2005年10月　　著者

本書は、新会計基準および最新の日商簿記検定出題区分表にもとづいて、随時、加筆・編集しております。

2024年９月

はじめての人の簿記入門塾 もくじ

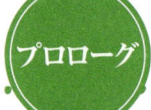

PART 5 決算は簿記のゴールだ

●イラスト　秋田　綾子

●本文デザイン・DTP　畑　政孝

●カバーデザイン　e-CYBER

登場人物紹介

山下ミサキ

㈱フランスねずみの新入社員。
経理部に配属されたが、
簿記の知識はゼロ。
パソコン経理の時代、なんとかなるでしょ?!

牧田カズオ

㈱フランスねずみの営業部員。
「営業はやる気と根性!」と思っていたけれど、
どうも最近、それだけではうまくいかない。
悩める入社5年目。

ねずみ先生

㈱フランスねずみに棲む。
悩める社員を救うために日夜働いている。
見た目はただのねずみだが、
実はかなりの博学。

㈱フランスねずみ

ワインとチーズの輸入販売会社。

プロローグ

簿記がわかると なにができる？

簿記とは一体どんなものなんだろう？
簿記がわかると、
なにができるようになるのだろう？
簿記の基本を簡単に見ていきましょう。

ーここはとあるワインとチーズの輸入販売会社
フランスねずみ
なかなかおいしいと評判で順調に成長していました
ですがちょっと困った社員もいて――…
経理部
あ.ちょっと山下くん
はい課長
この伝票間違ってたよ直しといて
は.はいスミマセン
え?ミス?どこだろ
全然わからーん
う〜ん
う〜ん
営業部でもー…
今期の業績は.今ひとつだなあ…
何か対策を…
部長!
これはもう売って売って売りまくるしかありません!
気合いと根性で
売りまくります!
いや.むしろ…
ボソ

チーズの売上は前期より上がってます
お
問題は仕入れなどにあるのでは?
さすが..
は〜あ
は〜あ
そこの悩めるお2人さん!
それなら私に
まかせなさい!
あなたの悩みも!
あなたの悩みも!
うわ?
ね、ねずみ?
簿記がわかればみーーんな解決できるのです!
え?簿記で?
なんで?
あなたは簿記がわからないまま経理をやっているから自分のミスが見つけられないのですっ
あなたは簿記を知らないから会社の数字がわからないのです!
さっそく簿記の世界をのぞいてみましょう

簿記ってなに？

簿記はお金やものの出入りを記録するために生まれた

簿記は現代人の一般教養

あなたはどうしてこの本を手にして簿記を勉強しようと思ったのでしょうか？

授業があるから？　検定試験を受けて資格を取っておきたいから？　就職活動に備えて？　経理部に配属になったから？　上司にすすめられて？

簿記を習うきっかけはさまざまです。もしかしたら、明確な動機はなく、「ただなんとなく役に立ちそうだから」という人もいるかもしれません。

役に立ちそう――そのカンは、あたりです！

もしも今、あなたが一見簿記とは関係のない職業や立場であったとしても、簿記の知識は必ずあなたの役に立ちます。

というのも、一言でいえば簿記とは、

「お金やものの出入りを記録するための方法」

だからです。

生きているかぎり、お金やものの出入りはついてまわります。つまり簿記は、一般教養知識としてすべての人が知っておくべき知識なのです。

お小遣帳や家計簿も簿記の一種

「お金やものの出入りを記録するための方法」というだけでは、なんだかあいまいで、よくわからないかもしれませんね。

「簿記なんて知らなくても、お小遣帳や家計簿でお金やものの出入りはチェックできるのでは？」

という人もいるかもしれません。そうです。実は、家計簿やお小遣帳も**単式簿記**《たんしきぼき》といわれる簿記の一種なのです。

ただ、家庭や個人ならともかく、さまざまなお金やものが出入りする（これを**取引**という）企業では、家計簿やお小遣帳のやり方では間に合いません。そこで生まれたのが、**複式簿記**《ふくしきぼき》という技術です。現在では簿記といえば、複式簿記を指します。

コツさえ覚えれば、簿記は簡単

簿記の勉強をしよう、と思ったものの、なんだかむずかしそうだと思って尻込みしている人もいるかもしれません。大丈夫。簿記は基本さえしっかりおさえてしまえば、あとは慣れるだけなのです。

「その基本をおさえるのが大変なんだ！」という人もいるでしょう。でも、ご安心を。本書では、基本をおさえるためのコツを、しっかり説明していきます。このコツさえ身につけてしまえば、一見面倒そうに見えることであっても、面白いようにスッキリ片付いてしまうはずです。

複式簿記

簿記は1つの取引を2つの側面から捉える

どんな取引にも2つの意味がある

普通、簿記といえば「複式《ふくしき》簿記《ぼき》」を指す、ということを説明しました。では、複式簿記とは一体なんのことなのでしょうか。

複式簿記の特徴は、１つの取引を２つの面から考えることにあります。たとえば、お財布を持ってスーパーに行き、500円のチーズを買ったという事実は、

500円分のチーズを手に入れた

現金500円が減った

という２つの面から見ることができるのです。

もう１つ例を挙げてみましょう。

ミサキちゃんは、友達と旅行に行きたいのですが、お金がありません。そこで、実家のお母さんに頼み込み、銀行口座に３万円を振り込んでもらいました。でもお母さんは、「必ず返しなさいね」といいました。つまり、

普通預金が3万円増えた　　借金が3万円増えた

ということになるのです。

このように、どのような取引にも“なんらかの理由”があるはずです。言いかえれば、**どんな取引も2つの側面を持っている**ということです。ちょっと文学的ですね。

複式簿記が誕生したのは中世のイタリア、ルネッサンスの頃でした。ドイツの文豪ゲーテは、「簿記こそ、人間の精神が生んだ最も美しいものの１つである」と述べたといいます。「簿記のどこが美しいの？」と思うかもしれませんが、簿記のしくみは本当に美しいくらい見事なものです。

これは簿記を理解しなければわからないことです。これから簿記の美しさ、すばらしさを、たっぷり味わってみてください。

決算書

簿記は決算書をつくるための技術である

決算書は、経営成績と財政状態をあきらかにする

簿記とは、お金やものの出入りを記録するための方法である、ということは、P20で説明しましたね。なんのためにお金やものの出入りを記録しているのかというと、企業の**もうけや財産の状況をあきらかにするため**なのです。もうけや財産をあきらかにすることは、会社にとって非常に大切なことです。

財産やもうけが把握できなければ、会社が損をしているのか、またもっともうけるためにどこにどうやって使うべきか、計画を立てることもできません。銀行だって、もうけや財産がわからないような会社に、お金を貸してはくれません。

また、会社はもうけや財産の状況に応じて税金を納める義務があります。株式会社であれば、もうけたお金の何%かを株主に渡さなければなりませんから、いくらもうけたのかを知ることはとても重要なのです。

ですから、会社は万国共通のルールに従って、もうけや財産の状況をあきらかにしなければならないのです。そこで、企業のもうけや財産の状況をあきらかにするために**決算書《けっさんしょ》**というものがあるのです。**簿記は決算書をつくるための技術**なのです。

決算書をつくるために簿記がある

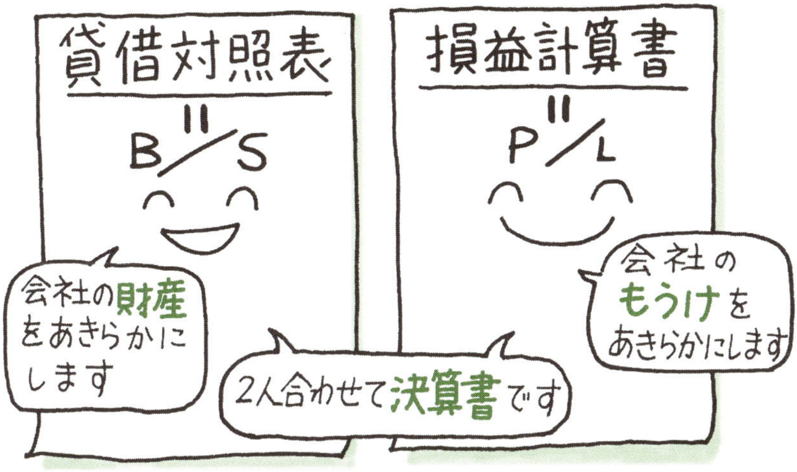
貸借対照表
B/S
会社の財産をあきらかにします
損益計算書
P/L
会社のもうけをあきらかにします
2人合わせて決算書です

決算書には、貸借対照表と損益計算書がある

では、決算書とは、一体どんなものなのでしょうか。

実は、決算書という言葉は、正確な呼び方ではありません。正しくは**財務諸表**《ざいむしょひょう》といいます。

企業は一定の時期（普通は１年に一度）に、もうけや財産の状況をあきらかにします。これを**決算**といいます。財務諸表はこの決算時につくられるため、決算書という通称で呼ばれています。

決算書は、主に２つの表からできています。ひとつは**貸借対**《たいしゃくたい》**照表**《しょうひょう》（B／S＝Balance Sheet）といい、もうひとつを**損益計**《そんえきけい》**算書**《さんしょ》（P／L＝Profit and Loss Statement）といいます。**貸借対照表は会社の財産を、損益計算書は会社のもうけをあきらかにします**。この２つの表は非常に大切なものですから、これからじっくり説明していきます。

簿記を学ぶメリット

簿記がわかれば ビジネスの世界がよくわかる

経営者の視点が身につく

企業にとって、簿記がいかに重要かということは説明しました。今度は簿記を勉強することで、みなさんにどんなメリットがあるのかを説明していきましょう。

まず、簿記を学ぶと経営者の視点が身につくようになります。

たとえば、ほとんどの人にとって、給与はもらうものですね。しかし簿記では、給与は支払うものとして考えられています。このように、簿記は経営者の視点でものごとを捉えているのです。

経営分析ができるようになる

簿記の知識があれば、**決算書が読める**ようになります。決算書は会社の財産やもうけをあらわしますから、会社の本当の姿を知ることができます。

たとえば、㈱フランスねずみの経営がうまくいかないときにも、さまざまな原因が考えられます。チーズが売れないせいなのかもしれませんし、本業とは関係のない投資に失敗したのかもしれません。接待交際費《せったいこうさいひ》を使いすぎているせいかもしれませんし、役員がお金をもらいすぎているのかもしれません。

こうした原因は、決算書を読むことによって見えてきます。原因がわかれば、それぞれに応じた対策を立てることができますね。このように、決算書などをもとに企業の経営状態を判断・分析することを、**経営分析**《けいえいぶんせき》といいます。

会計のしくみがわかり、経済ニュースが理解できる

簿記の知識があれば、これまでチンプンカンプンだった新聞の経済欄や経済ニュースがわかるようになります。経済の動きがわかれば、株式投資を行う際にも有利です。決算書を読み込んで、その会社が投資に価するかどうかを判断するなど、簿記の知識は財テクにも役立ちます。

簿記のコツ①

資産・負債・純資産と費用・収益 5つのグループを覚えよう

5つのキーワードを覚える

ここからは、いよいよ簿記の学習に入ります。といっても、構える必要はありません。まずは「ここをマスターすれば簿記はカンタン！」というポイントを説明していきましょう。

簿記を学ぶ際にまず覚えなくてはならないのは、

資産《しさん》・負債《ふさい》・純資産《じゅんしさん》（資本《しほん》）・費用《ひよう》・収益《しゅうえき》

という５つのグループです。この５つのグループは、簿記の基本中の基本です。というのも、貸借対照表《たいしゃくたいしょうひょう》と損益計算書《そんえきけいさんしょ》は、この５つのグループから成り立っているからです。

貸借対照表は資産・負債・純資産から、損益計算書は費用・収益から成り立っています。

5つのグループにはいろいろな勘定がある

資産・負債・純資産・費用・収益には、それぞれさらに細かく分けられた項目があります。この項目には、それぞれだれにでもわかる共通の名称がついています。共通の名称のことを**勘定科目《かんじょうかもく》**といいます。

たとえばミサキちゃんはお金を「現金」と記録するのに、カズ

決算書は5つのグループからできている

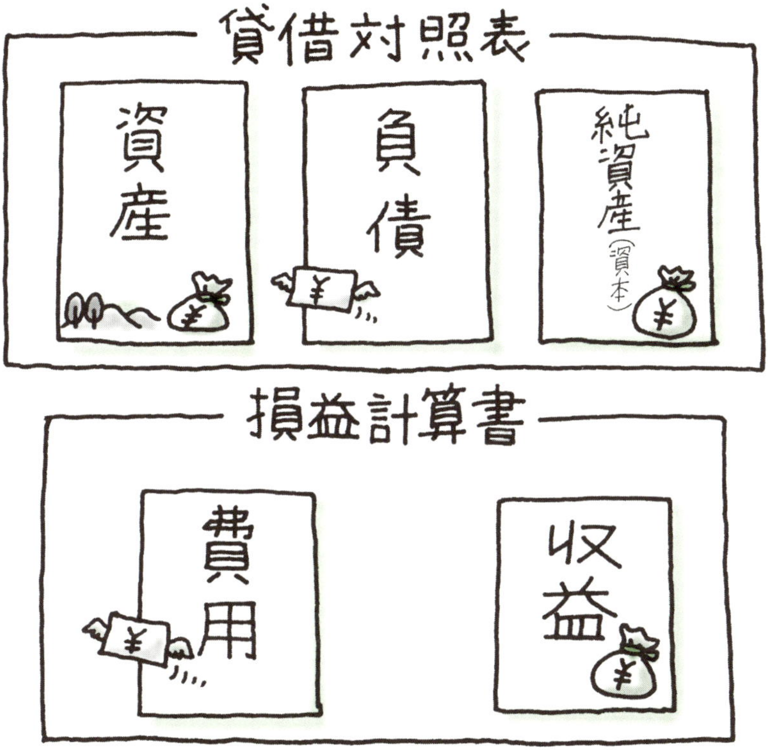

オくんは「カネ」と記録したのでは、混乱してしまいますね。そこで、お金のことは「現金」と共通の名称で記録することにしているのです。

ただし、どの勘定科目が必要かは、業種などによってかなり異なりますので、厳密なルールのもとに命名されているわけではありません。誰にでもわかる一般的な名称であればよいのです。大切なのは、それぞれの勘定科目が５つのグループのどこに属するのかを知ることです。

簿記のコツ②

仕訳のルールさえ覚えれば簿記は簡単に理解できる

仕訳とは、右と左に分けること

簿記を学ぶ上で、もっとも大切なもののひとつが**仕訳《しわけ》**です。簿記は、１つの取引を２つの面から見る、ということは、P22で述べました。仕訳とは、この２つの面を左右に区分けすることです。そして、取引の仕訳は伝票《でんぴょう》に記入されます。

伝票の記入欄は、だいたい次のようになっています。

借方《かりかた》（左側）	貸方《かしかた》（右側）

左右に分かれてそれぞれ借方《かりかた》・貸方《かしかた》となっていますね。この借・貸という名称には特別の意味はありません。とりあえず、**左側が借方で右側が貸方**、ということだけ覚えておいてください。

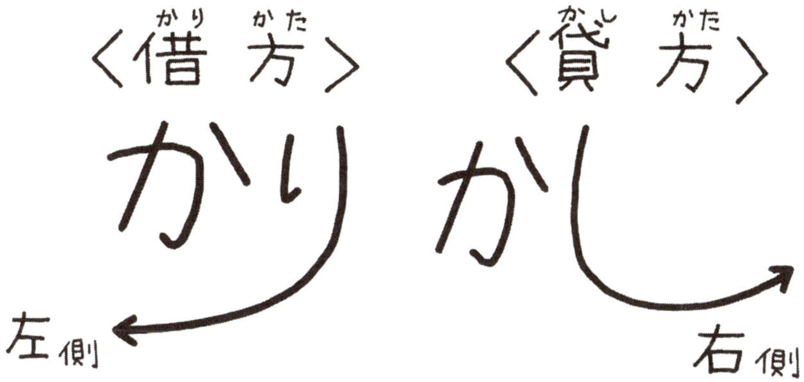

と考えれば、すぐに覚えられます。

簿記が苦手な人は、仕訳のルールがわかっていない

PART３で詳しく説明しますが、仕訳には８つのルールがあります。そして**勘定科目**（P28参照）**と仕訳のルールさえ覚えてしまえば、簿記はマスターしたも同然**なのです。

というのも**仕訳は、勘定科目と仕訳のルールを使って、取引を右と左に振り分けていくこと**だからです。

「簿記がわからない」とか「簿記はむずかしい」という人は少なくありませんが、よくよく聞いてみると、そういう人は仕訳のルールを覚えていないのです。逆にいえば、

仕訳のルールがわかれば簿記がわかるようになる

ということです。実際に、今まで簿記がよくわからなかった人が、仕訳のルールを覚えたとたんにスラスラとわかるようになるのを、何度も見てきました。

簿記マスターの第一ポイントは、仕訳のルールを暗記することにある――このことを、覚えておいてください。

簿記の全体の流れ

企業のなかで、簿記は
どんなふうに行われている？

簿記は仕訳からはじまる

勘定科目と仕訳の大切さをわかっていただいたところで、実際に企業のなかで、簿記がどのように行われているのか説明していきましょう。

会社にはいろいろな部署があり、毎日いろいろとお金やものが出入りしていますね。こうしたお金やものの動きは経理部に報告されます。そこでまず**経理部員が行う作業が仕訳**です。仕訳は伝票や仕訳帳《しわけちょう》という帳簿に記入され、さらに**総勘定元帳**《そうかんじょうもとちょう》などの帳簿に転記（書き写）します。ここまでが、経理の日常の仕事です。

ゴールは貸借対照表と損益計算書

こうして帳簿に記録された１年分の取引は、膨大な量になりますので、各項目を整理して１年間の総まとめを行う必要があります。これが、**決算**《けっさん》です。

その手はじめに、１年間の売上合計はいくらか、交通費合計はいくらかなどを計算し、その結果を一覧表にして、ひと目でわかるようにまとめる作業を行います。この一覧表のことを**試算表**《しさんひょう》といいます。

簿記の全体の流れ

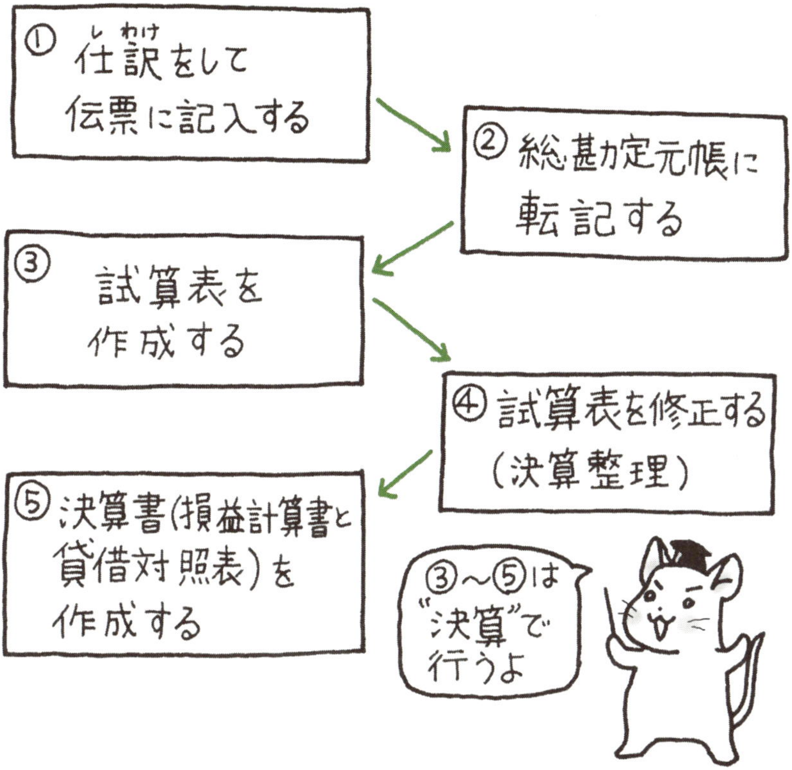
①仕《し》訳《わけ》をして伝票に記入する
②総勘定元帳に転記する
③試算表を作成する
④試算表を修正する（決算整理）
⑤決算書（損益計算書と貸借対照表）を作成する
③～⑤は"決算"で行うよ

試算表ができると、次に各項目の中で修正する必要のある項目を修正します。この修正作業のことを**決算整理《けっさんせいり》**といいます。

決算整理がすんだら、いよいよ**決算書**、つまり貸借対照表と損益計算書を作成します。これが、簿記の流れです。

このうち、試算表の作成から決算書の作成までは、１年間の終わりに行います。この作業が決算であり、どこの会社も決算をするときは大忙しとなるのです。

パソコンと簿記

パソコン経理が進んだ今こそ、簿記のセンスが求められる

パソコンがあれば簿記はいらない？

簿記の知識がどれだけ大切なものか述べてきましたが、もしかしたら、こんなふうに思っている人もいるかもしれません。

「簿記の技術は重要だったかもしれないけど、今ではどんな小さな会社でも、パソコン経理が当たり前。簿記なんて面倒なものは、もう必要ないんじゃないの？」

たしかに、パソコン経理では、伝票に記入したことを入力すれば、あとは帳簿の作成から、損益計算書《そんえきけいさんしょ》、貸借対照表《たいしゃくたいしょうひょう》の作成までやってくれます。

しかし、伝票へ正しく記入し、入力を正確に行うためには簿記の知識が不可欠です。というのも、帳簿は自動的に作成されても、**仕訳伝票《しわけでんぴょう》の画面で勘定《かんじょう》科《か》目《もく》を選び、金額を入力するのは人間**だからです。

パソコンソフトも、操作する人間が仕訳を理解していることを前提に設定されています。

簿記の知識がなければ、出力書類を使いこなせない

また、なによりも大切なことは、**簿記の知識がないと、出力さ**

パソコン経理でも、やっぱり簿記！

れた帳簿や、損益計算書、貸借対照表を使いこなすことができないということです。

パソコン化が進めば進むほど、より詳細な分析資料が出力されるようになりますが、それらの資料を使いこなすためには、今まで以上に簿記的なセンスが必要となるのです。

PART 1

【資産・負債・純資産】がわかれば、貸借対照表はマスターできる

ここでは5つのキーワードのうち、
貸借対照表を構成する
【資産・負債・純資産】について見ていきます。
資産・負債・純資産を理解すれば、
貸借対照表のしくみもわかるハズ！

部長！
イルカHOTELとの契約
明日にでも取れそうです！
おおっ！すごいじゃないか
でもイルカHOTEL、不景気で危ないって話もあるけど大丈夫かな〜？
あんな大きなホテル、つぶれるわけないっすよ！
イルカHOTEL、資産は10億円以上あるけど
負債も9億円以上、かなり危ないと思いますね
負債がそんなじゃ心配だな
？
？
？
そうなんです、下手すればこっちもマズイですよ
チッ
アイツめー せっかく…
あ！そんなカオしてまたなにかあったんですか？
まあね、オレの成功をねたんで足をひっぱる奴がいるんだよ
いやいや、そんなことはないですよ！
あ、また ねずみ！

彼が言っていたのは
資産・負債・純資産(資本)の
3つの関係のことです
?
資産＝負債 純資産
(資本)
負債は
借金のことだから
資産が多いから
といって会社の財産
が多いとは
かぎりません
資産10億
負債9億と
いうことは
イルカHOTEL
純資産(実際の財産)
1億円
負債(借金)
9億円
資産
10億円
イルカHOTELの
資産の9割は借金で
実際の財産は
たった1割ということ
そりゃ〜
かなり
ヤバイんじゃ
ない?
実はこの資産・負債・純資産の
関係から貸借対照表が
成り立っているのです
貸借対照表
資産
負債
純資産
(資本)
さっそく
資産・負債・純資産
について
見ていきましょう!

資産グループ

資産とはどんなもの？
勘定科目にはなにがある？

日常使っている「資産」とは、ちょっと違う

お金持ちのことを“資産家”といったり、ビジネス雑誌で「人材こそ真の資産である」というフレーズを見かけたりと、「資産《しさん》」は、日常生活でも用いられる言葉です。

ただし、簿記でいう「資産」とは、こうした日常用語とは異なります。たとえば、どんなに優秀な人材であったとしても、資産として数えることはできません。

資産がどのようなものか理解するためにも、資産グループに属する代表的な勘定《かんじょう》科《か》目《もく》を見ていきましょう。

資産グループの代表的な勘定科目

■現金（げんきん）

紙幣・硬貨の通貨を記録するために用いる勘定科目です。「現金」といえば通貨しか思い浮かばないかもしれませんが、簿記では**他社の小切手を受け取った場合**も現金として扱います。

■普通預金（ふつうよきん）

銀行の普通預金への貯金を記録するために用います。

■当座預金（とうざよきん）

当座預金への預金を記録するために用います。**当座預金とは、小切手や手形（次ページも参照）の支払代金を決済《けっさい》するための預金**です。当座預金には利息がつかないため、決済以外の目的で口座を持つ人はほとんどいません。

支払いを小切手で行った場合、その支払いは必ず当座預金から引き落とされます。小切手を渡すことを「小切手を切る」とか「小切手を振り出す」といいますが、小切手を振り出す人は必ず、当座預金の口座を持っているのです。

■受取手形（うけとりてがた）

手形を受け取った場合に用います。手形には、手形を渡した本人が支払う**約束手形《やくそくてがた》**と、得意先などの第三者が支払う**為替手形《かわせてがた》**があります。実務で使われているのはほとんどが約束手形です。

小切手の場合と同様、「手形を振り出す」などといいます。

■電子記録債権（でんしきろくさいけん）

電子記録債権は、**手形に代わる決済手段**として生まれました。金額や支払期日をコンピュータ上に記録することで、決済をペーパーレスで行うことができます。

■売掛金（うりかけきん）

商品を販売し、代金を後日受け取るという口約束をしてまだ受け取っていないとき、つまり**ツケで販売した場合**に用います。

相手が古くからのお得意さんであるなど、信用度の高い取引相手の場合に、ツケで販売することがよくあります。ツケで販売することを「**掛売《かけう》り**」といいます。

ちなみに、これからも「商品」という言葉が出てきますが、**簿記でいう商品とは、自社販売するための**ものです。（株）フランスねずみでいえば、ワインとチーズを指します。

■貸付金（かしつけきん）

他人にお金を貸した場合、これを記録するために用います。

■有価証券（ゆうかしょうけん）

有価証券とは、他の会社の株式や社債《しゃさい》、国が発行する国債《こくさい》などのことです。会社は資産運用などで、株や社債、国債を購入することがありますが、このような場合、有価証券という勘定科目を用いて記録します。

■繰越商品（くりこししょうひん）

仕入れた商品が、全部売り切れるとはかぎりません。**決算日までに売れなかった商品**は、この勘定科目を用いて記録します(P158参照)。

■未収入金（みしゅうにゅうきん）

商品以外のもの、たとえば有価証券や備品などを売却し、その代金をまだ受け取っていない場合に用いられます。 商品の売上代金を受け取っていない場合に用いる「売掛金」とは、区別しているのですね。こうすることで、企業の本来の営業活動と、それ以外のものをはっきりさせることができます。

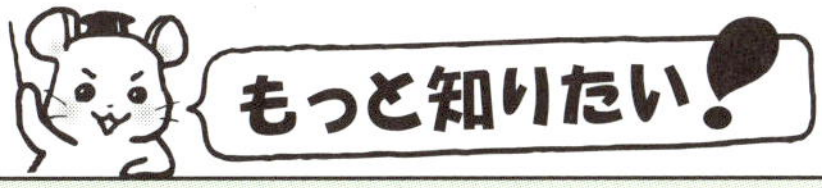

現金のほか、預金や受取手形などのように短期間（通常1年以内）で現金に換えることのできるものを、**流動《りゅうどう》資産《しさん》**と呼びます。

■建物（たてもの）

ビル、店舗、倉庫などを建てたときに用います。

■土地（とち）

建物用や駐車場用、または投資の目的などで土地を購入したときに用います。

■備品（びひん）

事務用机、パソコン、コピー機などを購入したときに用います。

■車両運搬具（しゃりょううんぱんぐ）

会社で使用する車やオートバイなどを購入したときに用います。

■特許権（とっきょけん）・著作権（ちょさくけん）

特許権や著作権のように、法律によって定められた権利も資産となります。

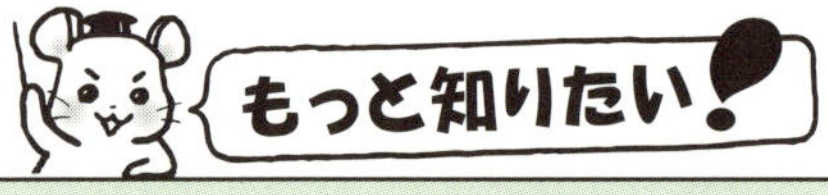

建物や土地、備品や車両運搬具、特許権や著作権など、長期間（1年を超えて）使用する目的で持っている資産を**固定《こてい》資産《しさん》**といいます。なかでも土地や建物などのように形のあるものは**有形固定資産《ゆうけいこていしさん》**、特許権など具体的な形のないものは**無《む》形固定資産《けいこていしさん》**といいます。

もっと知りたい!

本来は費用に分類されるものでも、一時的に資産として分類することが認められているものがあります。

というのも、費用のなかにはその効果が将来にわたってあらわれるものがあるからです。こうした費用を**繰延《くりのべ》資《し》産《さん》**と呼んでいます。繰延資産にはいろいろありますが、たとえば以下のようなものが認められています。

●創立費（そうりつひ）

会社の設立にかかった費用です。具体的には、会社のさまざまな規定（定款《ていかん》）を作成する費用や、株式募集費《かぶしきぼしゅうひ》や創《そう》立総会費《りつそうかいひ》、設立登記費用《せつりつとうきひよう》などです。

●株式交付費（かぶしきこうふひ）

会社を設立後、新たに株式を発行するためにかかる費用です。株式を募集するのにかかる費用、証券会社の取扱手数料、登録免許税《とうろくめんきょぜい》などが含まれます。

●社債発行費（しゃさいはっこうひ）

社債とは、一般の人から資金を調達するためのもので、負債の一種です。社債を発行するためにかかった費用、たとえば社債募集費や証券会社の取扱手数料などは、繰延資産とすることが認められています。

負債グループ

負債とはどんなもの？ 勘定科目にはなにがある？

負債は会社の債務

負債《ふさい》とは、将来なんらかの支払いをしなければならない義務をいいます。つまり、会社が負っているもろもろの債務《さいむ》のことです。

負債のグループに属する勘定科目《かんじょうかもく》のうち、代表的なものを例にとって見ていきましょう。資産グループの勘定科目と対応するものも多いので、セットで覚えておくと便利です。

負債グループの代表的な勘定科目

■借入金（かりいれきん）

「貸付金《かしつけきん》」とは他人から**お金を借りた場合**は負債となり、「借入金」という勘定科目で記録します。**〈貸付金⟷借入金〉**とセットで覚えておきましょう。

■支払手形（しはらいてがた）

受取手形の反対で、**手形を切って相手に渡した場合**は負債となり、「支払手形」という勘定科目で記録します。**〈受取手形⟷支払手形〉**とセットで覚えておきましょう。

■電子記録債務（でんしきろくさいむ）

電子記録債務は、**手形に代わる支払手段**として生まれました。金額や支払期日をコンピュータ上に記録することで、決済をペーパーレスで行うことができます。**〈電子記録債権⟷電子記録債務〉**とセットで覚えましょう。

■買掛金（かいかけきん）

商品をツケで販売した場合は資産となり、「売掛金《うりかけきん》」という勘定科目で記録されましたね。逆に**商品をツケで購入した場合**は負債となり、「買掛金」という勘定科目で記録します。**〈売掛**

金⟷買掛金〉とセットで覚えましょう。

■未払金（みばらいきん）

商品以外のものを購入し、その代金をまだ支払っていない場合に用います。たとえば、応接室で使うソファーを購入し、その代金は月末に支払うことになっているため、まだ支払っていない場合などは、未払金を用います。商品以外のものの代金が未収の場合は資産となり、「未収入金」という勘定科目を用いましたね。**〈未収入金⟷未払金〉**とセットで覚えましょう。

■預り金（あずかりきん）

会社が**一時的に現金を預かった場合**に、預り金額を記録するために用います。具体的には、従業員の所得税《しょとくぜい》や社会保険料を給料から差し引いて預かった場合などです。後日税務署などに支払うべきものなので、負債グループに分類されます。

■引当金（ひきあてきん）

将来発生することが予想される特定の支出に備えた引当金を記録するために用います。次のようなものがあります。

- **退職給付《たいしょくきゅうふ》引当金《ひきあてきん》**…従業員の退職に備えるための引当金
- **賞与《しょうよ》引当金《ひきあてきん》**…従業員に支給する賞与に備えるための引当金

将来の支出を想定したものなので、負債グループに分類します。

セットで覚える勘定科目〔資産・負債編〕

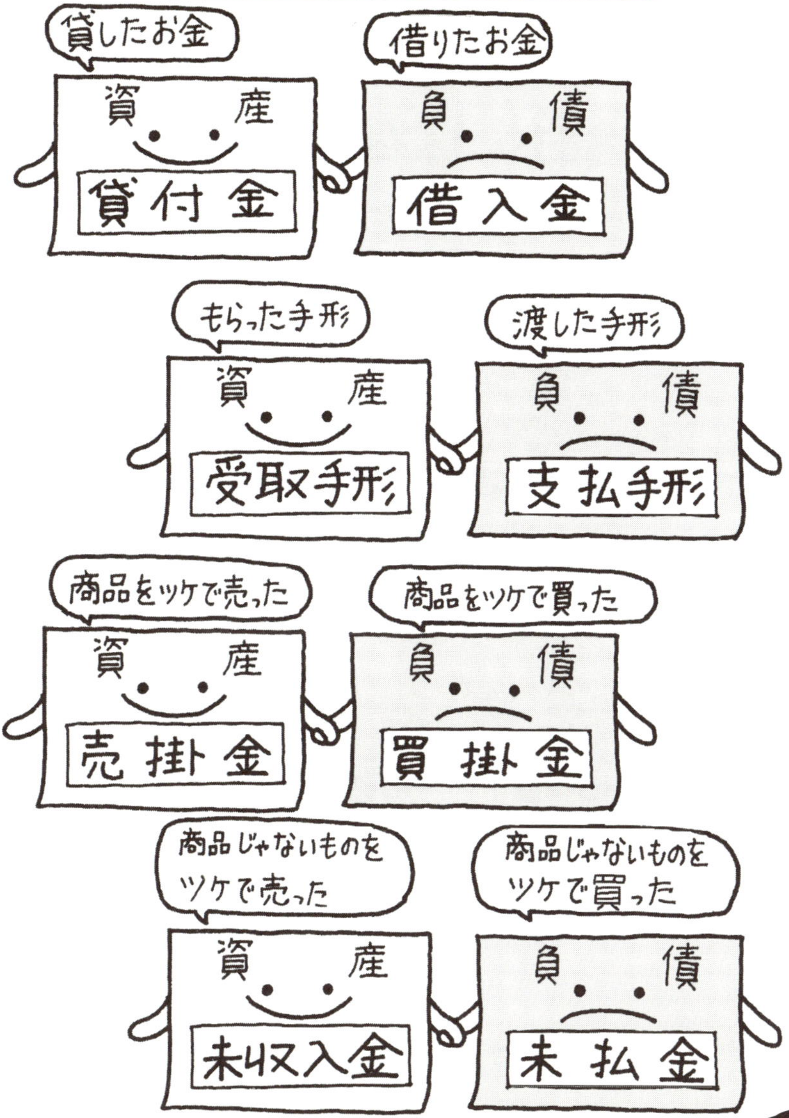

純資産（資本）グループ

純資産とはどんなもの？
勘定科目にはなにがある？

「純資産（資本）」は実質的な財産を意味する

本書では「純資産《じゅんしさん》（資本《しほん》）」としていますが、なぜ括弧《かっこ》で「資本」がついているのか、疑問に思う人もいるかもしれませんね。

実は、2006年５月の会社法の施行以後、新しい会計基準が適応されることになり、貸借対照表の「資本」を「純資産」と呼ぶようになったのです。純資産には土地の再評価差額などが含まれ、資本（株主資本ともいう）よりも広い範囲を含むことになりますが、入門の段階では無視してかまいません。純資産（資本）は資産から負債を差し引いた差額で、実質的な財産を意味します。

純資産＝出資金＋利益の蓄積分

純資産についてしっかり理解してもらうために、会社のしくみについて簡単に説明しておきましょう。

事業を行うには、お金が必要です。事務所を借りたり、電話やパソコンの設備を整えたり、商品を仕入れたり、従業員を雇ったりと、さまざまな場面でお金が必要となります。一体、どうすればいいと思いますか？

まず、思いつくのは、銀行などからお金を借りるということで

もうけが出れば純資産は増える

す。ただ、借りたお金は返さなければなりません。「今すぐ返済してほしい」と言われたら、会社はつぶれてしまいます。

一番いいのは、誰かにお金を出してもらうことです。もちろん、ただでお金を出してくれる人なんていません。それなりの見返りが必要ですから、「会社がもうけたときには、利益の一部を渡す」ということにしておけばよいのです。有望な事業であれば、お金を出してくれる人もあらわれます。

このようにお金を出してくれる人を**出資者**《しゅっししゃ》、出してもらったお金を**出資金**《しゅっしきん》といいます。株式会社の場合、〈株式の購入＝出資〉となりますから、出資者とはすなわち株主のことです。

事業がスタートし、うまくいけば利益が生まれます。順調にいけば、**利益はどんどん蓄積されていきます**。この**出資者からの出資金と利益の蓄積分が、純資産（資本）**なのです。

純資産（資本）グループの代表的な勘定科目

■資本金（しほんきん）

株主からの**出資金を記録する**ために用います。

■繰越利益剰余金（くりこしりえきじょうよきん）

会社が出した**利益を記録するため**に用います。

■資本準備金（しほんじゅんびきん）

株主からの出資金は「資本金」として記録しますが、場合によっては出資金の一部を資本金としなくてもよいことになっています。**資本金としない出資金は「資本準備金」として記録します**。

資本金に比べ、法律上の拘束が比較的ゆるい資本準備金としたほうがよい場合もあるのです。

■利益準備金（りえきじゅんびきん）

株式会社は利益が出た場合、利益の一部を株主に還元します。これを、**配当**《はいとう》といいます。会社法はこの10分の１を利益準備金として積み立てるように定めています。

■任意積立金（にんいつみたてきん）

　将来の建物の新築などに備えて、会社が任意に**各種の積立金**を設定することがあります。そのような積立金のことを総称して「任意積立金」といいます。

有望そうだな
出資
株主
ありがとうございまーす
会社
配当金
利益を上げたら
配当を渡す
株主は資本金を
提供するかわりに
会社が利益を上げたとき
には配当を受けることが
できます

貸借対照表

資産・負債・純資産の関係がわかれば貸借対照表はマスターできる

3つの関係が貸借対照表

資産《しさん》・負債《ふさい》・純資産《じゅんしさん》（資本《しほん》）のそれぞれを見たところで、いよいよ**貸借対照表**《たいしゃくたいしょうひょう》を見ていきます。まず資産・負債・純資産の３つの関係について見てみましょう。ここをしっかりつかんでおけば、貸借対照表もスッキリ理解できます。この３つの関係は

「資産の合計＝負債の合計＋純資産（資本）の合計」

という式であらわすことができます。実はこの式、**貸借対照表等**《たいしゃくたいしょうひょうとう》**式**《しき》といいます。というのも、**貸借対照表は次のように、まさにこの式の形になっている**からです。

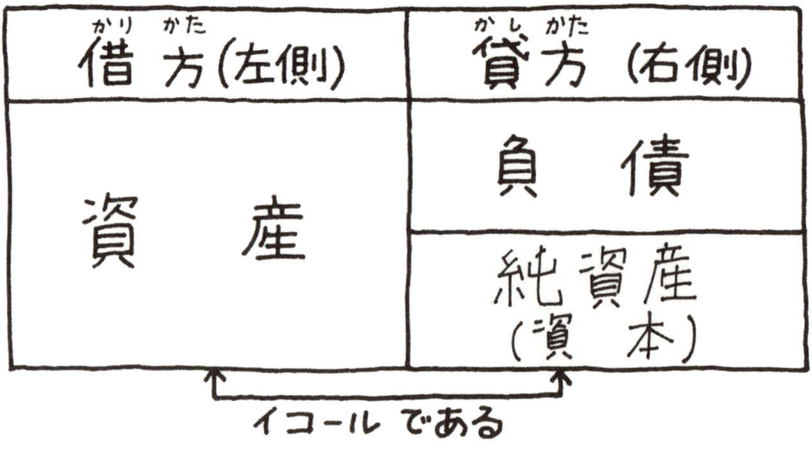

簿記ではこの表の左側を借方、右側を貸方という、ということはＰ30でも説明しましたね。**借方には資産を並べ、貸方には負債を上に、純資産を下に並べます。**

貸借対照表は会社の財産をあらわしている

ではここで、簡単な貸借対照表を見てみましょう。

貸借対照表

左側（借方）		右側（貸方）	
資　産		**負　債**	
現　　金	150	支払手形	200
受取手形	100	借 入 金	300
（繰越）商品	50	**純資産（資本）**	
建　　物	500	資 本 金	1,000
土　　地	800	繰越利益剰余金	100
合計	1,600	合計	1,600

表の左側に資産の勘定《かんじょう》科《か》目《もく》が並び、右側の上に負債、下に純資産が並んでいますね。

左側の資産グループの合計は、1,600となっています。右側には負債グループと純資産グループが並び、これも合計は1,600です。

ところで、プロローグで**貸借対照表は会社の財産をあらわす**と説明したのを覚えているでしょうか？　会社の実質的な財産は、負債部分を差し引いて考えなくてはなりません。

資産1,600－負債500＝1,100

となり、1,100が会社の財産ということになります。

これは資本の合計1,100と同じです。実は**純資産というのは、会社の実質的な財産をあらわしている**のです。

資産 － 負債 ＝ 純資産（資本）

ということは、

資産 ＝ 負債 ＋ 純資産

ですね。貸借対照表等式が成り立っていることがわかります。

お金を貸すなら、どちらの会社がよい？

ではここで問題です。銀行員になったつもりで考えてください。

あなたは㈱フランスねずみと、㈱ねこ文具の両方からお金を貸して欲しいと頼まれました。ただし、どちらか一方にしか、お金を貸すことはできません。

㈱フランスねずみの資

産は2,000万円、㈱ねこ文具の資産は１億円です。

これだけ見ると、㈱ねこ文具のほうにお金を貸したくなりますね。でも、この資産の出どころが問題なのです。

調べてみると、㈱フランスねずみには200万円の、㈱ねこ文具には9,000万円の負債があることがわかりました。これを、貸借対照表等式に当てはめてみましょう。

㈱フランスねずみの純資産は1,800万円、㈱ねこ文具の純資産は1,000万円でした。資産だけ見れば㈱ねこ文具のほうが大きいものの、いつか払わなければならない負債を差し引いた場合の会社の実質的な財産は、㈱フランスねずみのほうが大きいのです。

会社の財産は、資産の大きさだけではかれません。貸借対照表をつくって財産をつかむことが、大切なんですね。

PART 2

【収益・費用】がわかれば、損益計算書はマスターできる

**今度は5つのキーワードのうち、
損益計算書を構成する
【収益・費用】について見ていきます。
この2つを理解すれば、
損益計算書がわかります！**

給湯室ー
はぁ〜〜
どうしたんですか？
お給料日に
そんな浮かない
顔で…
給与明細
う〜〜〜ん…
給料少ないなぁ
と思ってさ
毎月100万近い
チーズとワインを売ってる
のに給料が30万
そこそこなんて…
売上グラフ
あー
売上がそのまま会社の
もうけになるわけじゃないんだから
そのまんまのお給料なんて
もらえませんよ
あ ねずみ
先生
え？
売上ともうけは
ちがうの？
売上を上げるためには
いろいろお金がかかってるのです
ワインやチーズの
仕入れ代
交通費、
会社の家賃や
電話代、
コピー代だって
払わなくちゃ
こうした費用を
抜かしたものが
もうけになる
んですよ

ミサキちゃんをはじめ経理部などのお給料だってワインとチーズの売上から出てるんだからね
そっか
売上のように利益のもとになる収入のことを収益といいます
もちろん売上だけが収益じゃないけどね
そして
収益−費用=利益
…という式が成り立つんです
こう考えていくと100万円の売上で30万円のお給料というのはむしろもらいすぎですね!
ガーン
すげー会社に貢献してると思ってたのに!
これは損益計算書をマスターすればわかるはず!
損益計算書
借方
貸方
費用
収益
当期純利益
それでは費用・収益と損益計算書について見ていきましょう!

収益・費用・利益の関係

利益と収益はどう違う？
費用との関係で考えてみよう！

収益・費用・利益とは？

「費用《ひよう》」は日常生活でもよく使われる言葉ですが、「収益《しゅうえき》」という言葉は、耳慣れないかもしれません。収益とは、「利《り》**益**《えき》のもととなる**収**入」のことです。利益のもととなる、ということからもわかるように、収益と利益は異なります。

日常生活では同じような意味で使われることも多いため、混乱してしまう人もいるかもしれませんね。わかりやすくするために、例を出して考えてみましょう。

収益から費用を引くと利益になる

㈱フランスねずみ営業部のカズオくんは、フレンチレストランに営業に行き、５万円のワインを売ることに成功しました。

カズオくんが**ワインを売って得た5万円、これが収益**です。では、利益はいくらになるのでしょうか？　５万円？　いいえ、違います。

実はこのワインはフランスからの輸入品で、仕入に３万円かかっているのです。また、カズオくんがフレンチレストランに行く際の交通費や、ワインを保管するためにかかる倉庫の費用も考えなくてはなりません。利益を出すためには、収益から費用を引かなければなりません。

話を単純にするために、仕入を含め４万円の費用がかかったとしましょう。

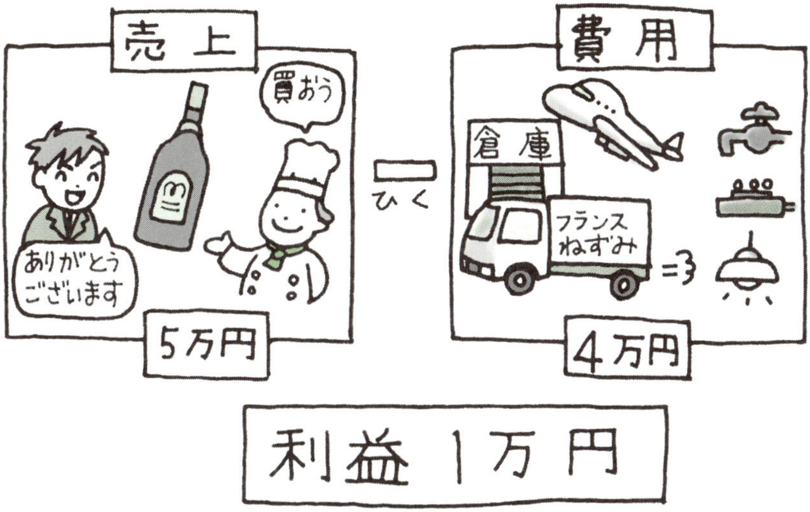

となりますから、利益は１万円です。つまり、収益・費用・利益の関係は、

収益－費用＝利益

という式であらわすことができるのです。「収益とは利益のもととなる収入である」といった意味が、わかっていただけたでしょうか？

収益グループと費用グループには、ほかにもさまざまな勘定《かんじょう》科《か》目《もく》があります。次ページから、具体的な勘定科目を見ていきましょう。

収益グループ

収益とはどんなもの？ 勘定科目にはなにがある？

売上が収益の代表格

先ほどは収益《しゅうえき》の例として売上を上げましたが、収益は売上だけではありません。どんなものが収益となり得るのか、㈱フランスねずみの社長になったつもりで考えてみましょう。

㈱フランスねずみはワインとチーズの販売会社ですから、収益を増やすためにはまずワインとチーズを売ることを考えるはずです。また、手持ちの現金で当面必要のないものは銀行に預金し、利息を稼ぐようにするでしょう。有望な会社の株を買うことで、利益を得ようとするかもしれません。このように、会社にとって利益を生み出すもととなるものすべてが、収益となるのです。また、参考として説明しておくと、利益は資本でした（P51参照）。従って、収益は資本を増加させる原因となるものということもできます。

収益グループの代表的な勘定科目

■売上（うりあげ）

商品の売上を記録するために用います。商品が品違いだった場合は返品されることがありますが、その場合は売上の取消とします。

■受取利息（うけとりりそく）

預金に利息がついた場合に用いる勘定科目です。

■受取手数料（うけとりてすうりょう）

他の企業から商品の販売を委託《いたく》され、それを販売したときに手数料を受け取ることがあります。こうした**手数料を記録するために用います**。

■受取配当金（うけとりはいとうきん）

他の企業の株を持っていると、その会社のもうけに応じて配当が得られます。**配当金を受け取ったとき**に用います。

■受取家賃（うけとりやちん）

家賃を受け取った場合に用います。

■有価証券売却益（ゆうかしょうけんばいきゃくえき）

株式などの**有価証券を売却して売却益が出た場合**に用います。

■固定資産売却益（こていしさんばいきゃくえき）

建物や備品、車両のことを**固定資産**といいます。固定資産はめったに売却されることはありませんが、**固定資産を売却して売却益が出た場合**はこの勘定を用います。

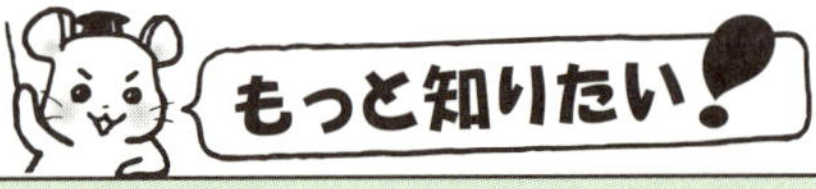

受取利息や受取家賃、受取配当金、有価証券売却益、固定資産売却益などは、収益でも売上と違い、商品の販売という営業活動から生じたものではありません。

このため、営業で生じた収益のことを**営業収益**《えいぎょうしゅうえき》、営業活動以外で生じた収益を**営業外収益**《えいぎょうがいしゅうえき》と呼んで区別することがあります。

費用グループ

費用とはどんなもの？
勘定科目にはなにがある？

費用にもいろいろある

会社が収益を獲得するためには、当然のことながらいろいろな出費がかかります。

商品を仕入れれば仕入代がかかりますし、従業員には給料を払わなければなりません。電話を使えば電話代が、郵便を出せば郵送料が、電気を使えば電気代が、移動すれば交通費が、接待をすれば接待費がかかります。

「支出＝費用」ではない

ただし、注意しなければならないのは、**会社の支出のすべてが費用となるわけではない**ということです。借入金《かりいれきん》の返済や土地の購入などは、お金は出ていきますが費用ではありません。

費用とはあくまでも、収益から差し引くべき出費だということを、覚えておいてください。

費用グループの代表的な勘定科目

■仕入（しいれ）

商品を仕入れたときに用います。仕入れた商品が品違いだったり、キズ物だったりして返品することもあります。その場合は、仕入の取消として記録します。

■給料（きゅうりょう）

従業員に支払った給料を記録する場合に用います。

■通信費（つうしんひ）

電話代、切手代、ハガキ代、インターネット接続費など、**通信にかかる出費を記録する場合**に用います。

■旅費交通費（りょひこうつうひ）

タクシー代、電車代、バス代などの**交通費や出張旅費を記録する場合**に用います。出張の宿泊費もここに含まれます。

■水道光熱費（すいどうこうねつひ）

水道料金、電気代、ガス代などを記録するために用います。

■広告宣伝費（こうこくせんでんひ）

新聞のチラシやポスターなど**会社の宣伝のための出費を記録する場合**に用います。

■保険料（ほけんりょう）

火災保険などをはじめ、会社はさまざまな保険に加入しています。**保険料を支払った場合**に用います。

■支払利息（しはらいりそく）

借入金に対する利息を支払ったときに用います。預金に利息がついて利息を受け取った場合は収益となり、受取利息として記録しましたね。**〈支払利息←→受取利息〉**と覚えておきましょう。

■支払家賃（しはらいやちん）

家賃を支払った場合に用います。家賃を受け取った場合は収益となり、受取家賃として記録しましたね。**〈支払家賃←→受取家賃〉**と覚えておきましょう。

■図書費（としょひ）

新聞・雑誌・書籍代を記録する場合に用います。

■接待交際費（せったいこうさいひ）

取引をスムーズにするため、取引先を接待したときにかかった費用を記録するために用います。

■有価証券売却損（ゆうかしょうけんばいきゃくそん）

株式などの有価証券を売却して売却損が出たときに、これを記録するための勘定科目です。逆に売却益が出たときには、「有価証券売却益」（収益）でしたね。**〈有価証券売却損←→有価証券売却益〉**と覚えておきましょう。

■固定資産売却損（こていしさんばいきゃくそん）

建物、備品、車両運搬具、土地などのことを固定資産といいます。本来は使用する目的で購入したものですが、不用となって売却することがあります。売却して売却損が出た場合は「固定資産売却損」として記録します。**〈固定資産売却損←→固定資産売却益〉**とセットで覚えておきましょう。

■減価償却費（げんかしょうきゃくひ）

建物や備品や車両は、使用にともない古くなっていき、その価値が減ります。「減価償却」とは、この価値の減った分を費用として落とすことをいいます。減価償却を行うことにより生ずる費用を減価償却費といいます（詳しくはP150を参照）。

セットで覚える勘定科目〔収益・費用編〕

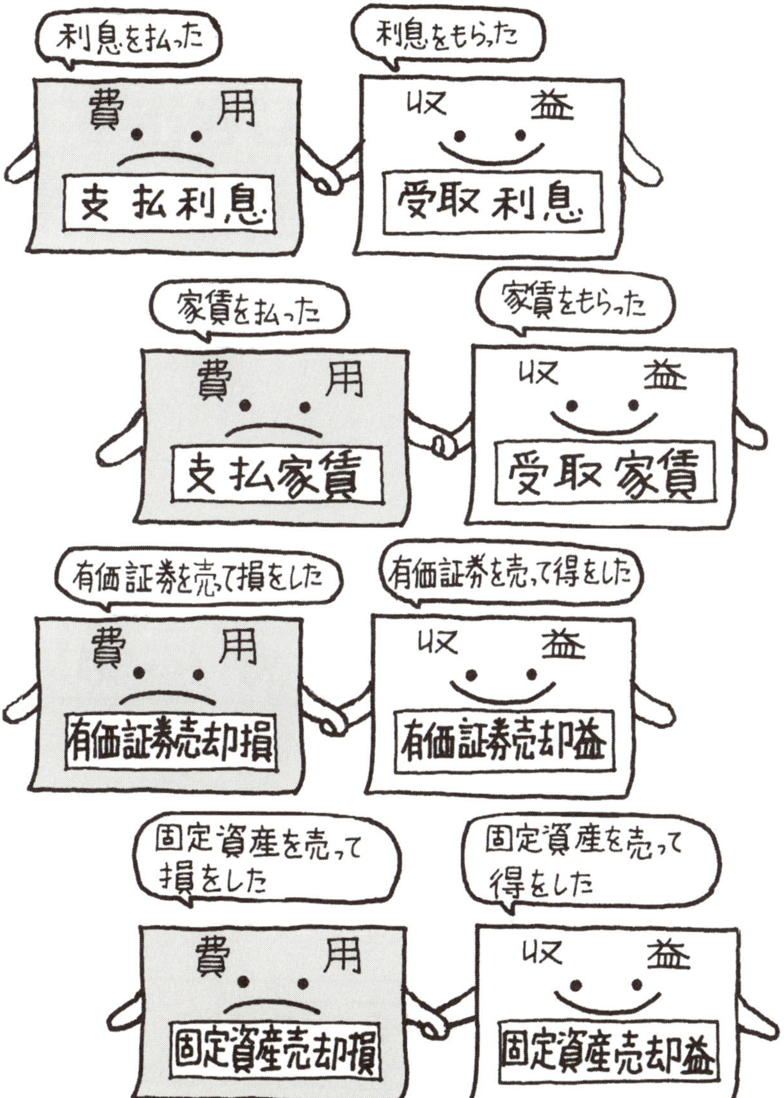

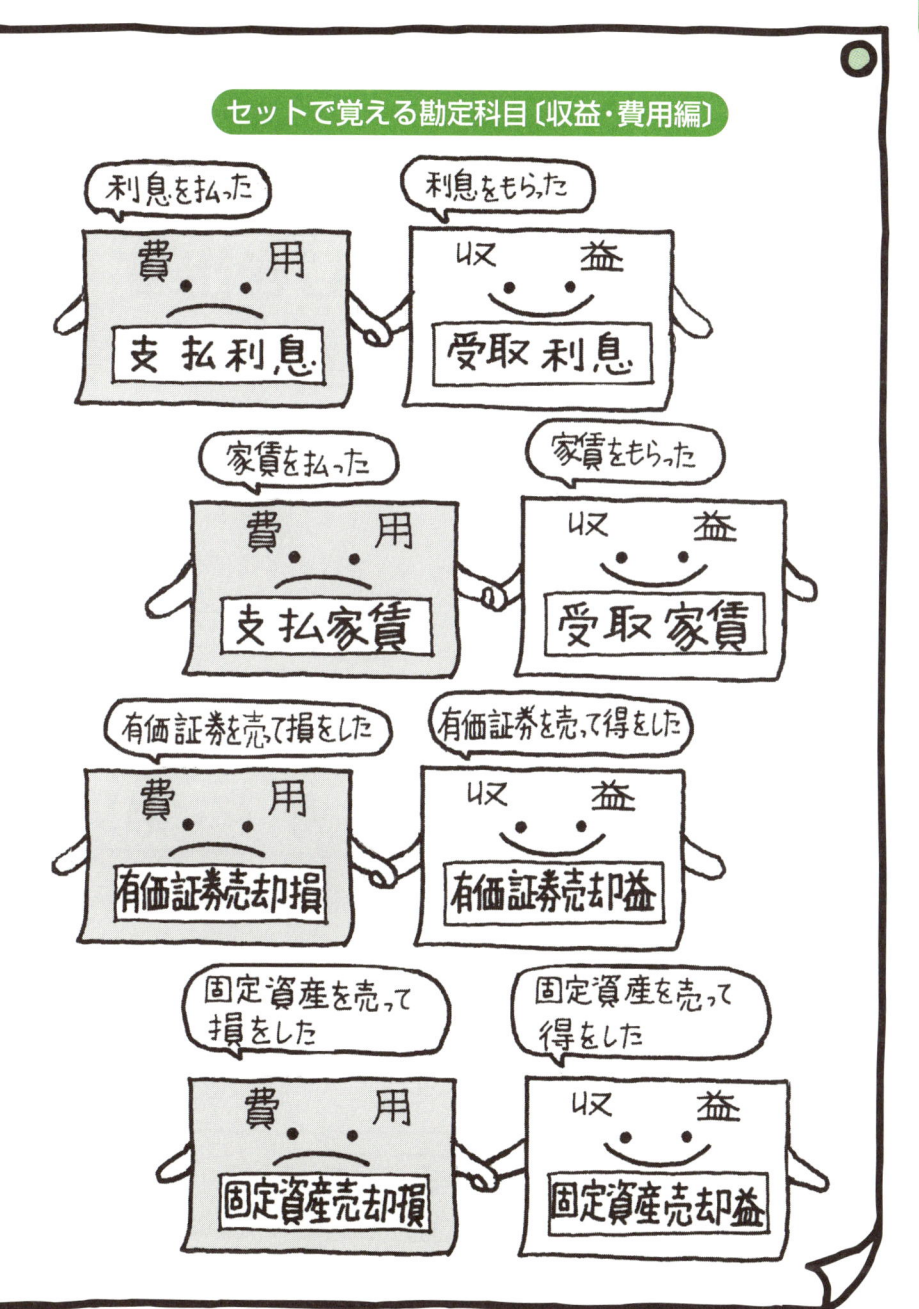

損益計算書とは？

収益と費用から会社のもうけをはじき出す

左に費用、右に収益を並べる

費用・収益について見たところで、いよいよ損益計算書《そんえきけいさんしょ》に入ります。プロローグでは、損益計算書は会社のもうけをあきらかにする、と述べました。損益計算書とは、会社が１年間営業活動を行った結果、どれだけのもうけ、つまり利益が出たのかをあきらかにするための表です。

損益計算書は、次のようになっています。

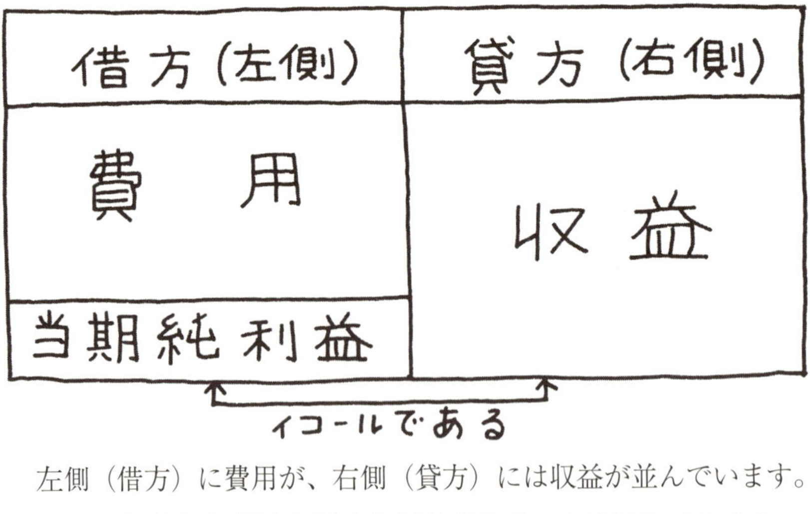

左側（借方）に費用が、右側（貸方）には収益が並んでいます。P62で、収益から費用を引くと利益が出る、と説明しましたね。

当《とう》期《き》純《じゅん》利《り》益《えき》とは、収益の合計から費用の合計を引いたものです。費用の下に記入します。

1年間の利益があきらかになる

それでは簡単な損益計算書を見てみましょう。

損益計算書

左側（借方）		右側（貸方）	
費用		**収益**	
仕入	600	売上	1,000
給料	200	受取手数料	100
旅費交通費	100	受取利息	100
接待交際費	100		
合計	1,000	合計	1,200
当期純利益	**200**		

左側には、費用の勘定科目が並んでいます。すべてを合計すると、1,000万円になります。一方、右側には収益の勘定科目が並んでいて、合計すると1,200万円になります。

収益の合計1,200万円 − 費用の合計1,000万円 ＝ 200万円

となり、200万円の利益が出たことがわかります。

貸借対照表と損益計算書の違い

貸借対照表と損益計算書ではあらわすものが違ってくる

貸借対照表は過去の積み重ね

貸借対照表《たいしゃくたいしょうひょう》は会社の財産を、損益計算書《そんえきけいさんしょ》は会社の利益をあきらかにするといいましたが、つまり貸借対照表と損益計算書は、会社の経済活動を異なる角度から眺めているのです。

わかりやすくするために、人でたとえて考えてみましょう。カズオくんは27歳の誕生日に、自分の貸借対照表と損益計算書をつくることにしました。

貸借対照表では、カズオくんが小学校のころから集めているプラモデル、大学生のときに買った時計とそのローン、社会人になってからはじめた積立貯金など、27歳の誕生日の時点で持っているすべての資産と負債を集め、そこから現在の財産の状態を見ます。

損益計算書は1年間の成果

一方、損益計算書で見るのは、26歳の誕生日から27歳の誕生日の１年間に行ったカズオくんの経済活動のみです。

12カ月分のお給料とボーナス、後輩におごった１年分の飲み代などは含まれますが、28歳の誕生日が来れば、またリセットされ

貸借対照表と損益計算書が示すもの

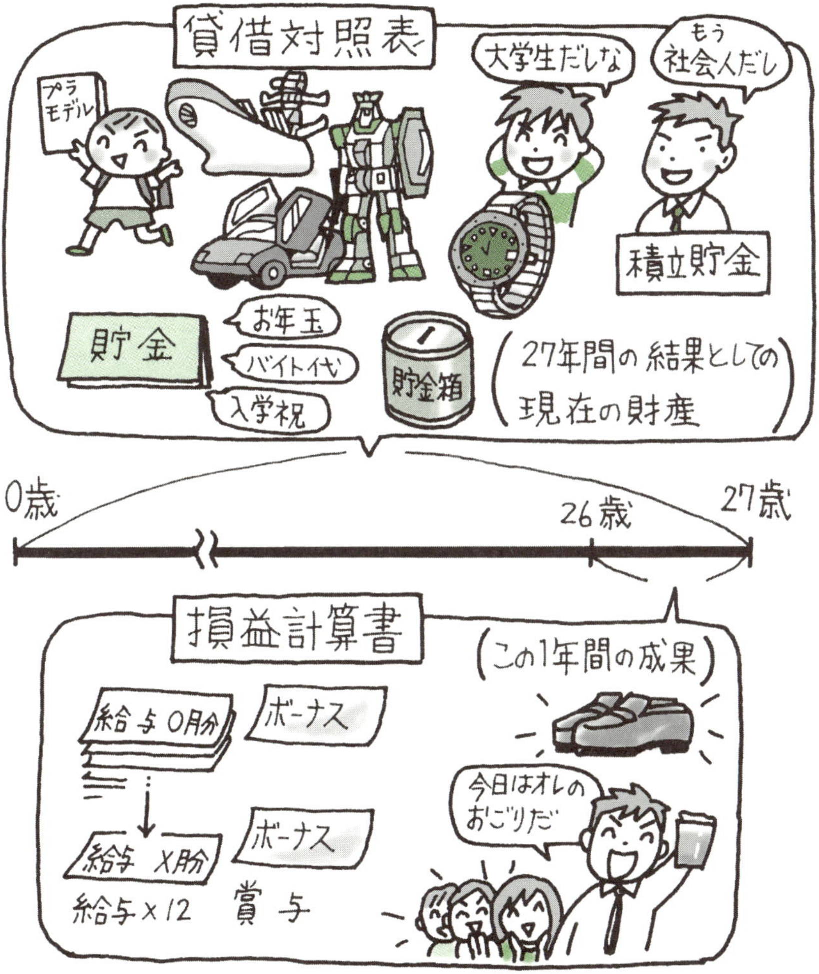

てしまいます。

貸借対照表では過去の経済活動の積み重ねである会社の財産の状態を見ますが、損益計算書が問題にしているのは1年間の成果のみなのです。

PART 3

仕訳のルールを理解しよう

勘定科目を覚えたら、
今度は仕訳のルールを覚えましょう。
最初は理屈抜きに、
暗記してしまうのがコツです。

お昼休み
う〜ん
どうしたんです?
なにを悩んでるの?
あ、ねずみ先生
この1,500円のスペシャルランチが食べたいんだけど…
1,500円のランチを食べる
現金1,500円が減る
1,000
500
今月ピンチだしなー
ふふっ
くいしんぼうのミサキちゃんも取引の二面性を考えるようになってちょっと変わったみたいですね
よしよし
勘定科目であらわすと費用グループの「接待交際費」と資産グループの「現金」でいいのかな?
自分への接待!
ただの食費だけど
まあ、たとえるなら…
ま、それはさておき取引の二面性をルールに従って
右と左に分けるのが仕訳なんだよ

仕訳のルールはこれ！
〔借方〕　〔貸方〕
資産の増加　資産の減少
負債の減少　負債の増加
純資産（資本）の減少　純資産（資本）の増加
費用の発生　収益の発生
今回「接待交際費」という費用 1.500円の発生と、「現金」という資産1.500円の減少だから
〔借方〕　〔貸方〕
資産の増加　資産の減少
負債の減少　負債の増加
純資産（資本）の減少　純資産（資本）の増加
費用の発生　収益の発生
「費用の発生」と「資産の減少」という組み合わせだね
だから伝票はこうでしょ？
借　方《かりかた》　貸　方《かしかた》
接待交際費　現　金
1.500円　1.500円
そのとおり！
ふー、頭使ったらお腹すいちゃったスペシャルランチ大盛りで！
そ、それは食べすぎ!!

仕訳のルール

仕訳をマスターしたいなら とにかくルールを暗記しよう！

勘定科目はバッチリですか？

PART１では資産《しさん》・負債《ふさい》・純資産《じゅんしさん》（資本《しほん》）を、PART２では収益《しゅうえき》と費用《ひよう》を見ました。これで５つのグループすべてを見たことになります。それぞれの勘定科目《かんじょうかもく》はきちんと覚えられましたか？

現金は？
しっ…資産！
売上は？
収益！
借入金《かりいれきん》は？
負債！

という具合に、それぞれの勘定科目がどのグループに属するのか即答できるようになれば合格です。

勘定科目を覚えたら、いよいよ**仕訳《しわけ》**について学びます。

取引の二面性を、右と左に書き分ける

仕訳は、簿記全体の最初に位置づけられています。仕訳を間違えると、正しい損益計算書《そんえきけいさんしょ》や貸借対照表《たいしゃくたいしょうひょう》ができあがりません。

プロローグで、「仕訳とは、右と左に区分けすることである」と説明しました。1つの取引に2つの面を見いだすのが複式簿記《ふくしきぼき》ですから、これを伝票の右と左に記せばよいのです。

ただし、その分け方にはルールがあります。簿記がわからない人のほとんどは、仕訳のルールがわかっていない人たちです。逆にいうと、このルールさえおさえてしまえばよいのですから、がんばって覚えてください。

8つのルールを暗記する

仕訳のルールは、次の8つです。

(1) 資産が増えたときは借方（左側）に記入する
(2) 資産が減ったときは貸方（右側）に記入する
(3) 負債が増えたときは貸方（右側）に記入する
(4) 負債が減ったときは借方（左側）に記入する
(5) 純資産（資本）が増えたときは貸方（右側）に記入する
(6) 純資産（資本）が減ったときは借方（左側）に記入する
(7) 費用が生じたときは借方（左側）に記入する
(8) 収益が生じたときは貸方（右側）に記入する

「漢字ばっかりで全然覚えられない！」という人もいるかもしれません。そんな人は、次のように図で覚えてしまいましょう。

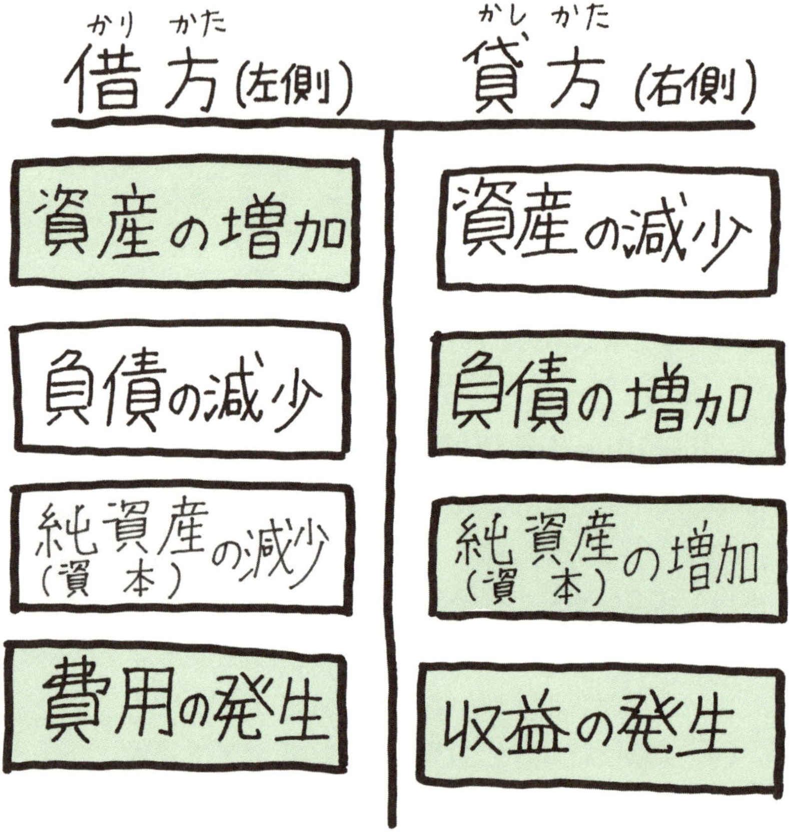

どうでしょう？　少しは見やすくなりましたか？

理屈じゃない、とにかく覚えよう！

日本では自動車は左側通行がルールです。このルールに理屈はありませんね。「なぜ右側通行ではないんだろう？」と考えても、とうてい答えは出てきません。

仕訳のルールについても、同じことがいえます。「なぜ資産の増加が借方なんだ？」「どうして収益が生じたら貸方なの？」と考えても、答えはありません。理屈ぬきで覚えてしまってください。

おかしな理屈をつけて覚えさせようとする入門書をたまに見かけます。なんとなくわかったような気分にさせてくれるのですが、結局は簿記が身につかないままで終わってしまいます。
「勘定科目」と「仕訳のルール」はしっかり暗記する。そうすれば短期間で確実に簿記の基礎をつくることができるのです。

資産・負債・純資産・収益・費用の代表的な勘定科目と、これから学習する仕訳のルールを紙に書いて持ち歩き、電車のなかや休憩時間などを使って覚えることをおすすめします。

2つの取引例から、実際の仕訳を見てみよう

資産と資産が入れ替わる取引の仕訳

実際に仕訳はどのように行われているのでしょうか？　取引例をあげて仕訳をしてみましょう。

> **《取引例１》**
>
> **土地5,000万円を購入し、現金で支払った。**

仕訳には必ず２つ以上の勘定科目が関わってきます。取引を見たら、まず勘定科目を探してください。

土地5,000万円を購入し、現金で支払った。

「土地」と「現金」という２つの勘定科目がありました。

次に、土地と現金という勘定科目が、資産・負債・資本・費用・収益という５つのグループのうちどれに属するのかを考えます。

土地…資産グループ　　現金…資産グループ

ですね。どちらも資産グループでした。

土地を現金で購入する取引は、土地という資産が会社のものと

なったので“資産の増加”になります。また、現金という資産が会社から他人に支払われたので“資産の減少”が起こります。

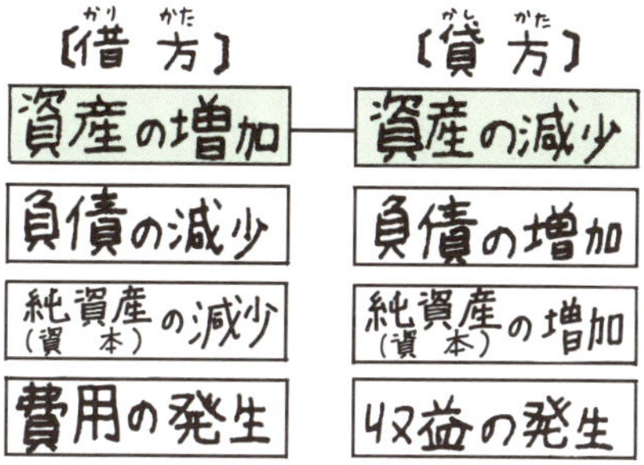

資産の増加と資産の減少という組み合わせですね。

ではこれを、仕訳のルールに従って仕訳してみましょう。

資産の増加は借方ですから、左側に記入します。資産の減少は貸方です。右側に記入します。

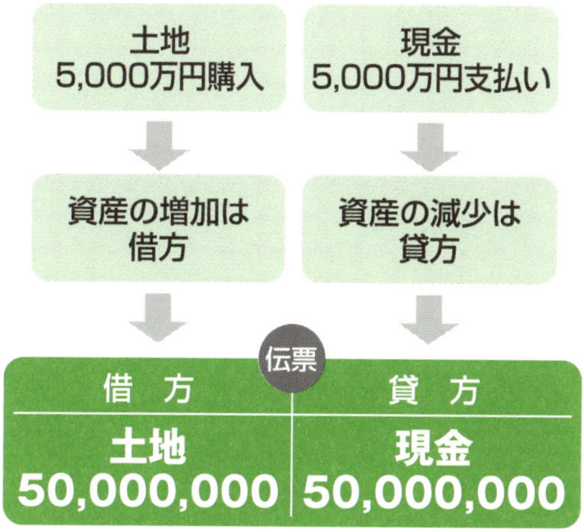

借方に「土地5,000万円」、貸方に「現金5,000万円」と記入します。

収益が発生し資産が増加する取引の仕訳

それでは、もう１問やってみましょう。

《取引例2》

商品2,000万円を売上げ、代金は現金で受け取った。

２つの勘定科目は見つかりましたか？

商品2,000万円を売上げ、代金は現金で受け取った。

今度は、「売上」と「現金」ですね。この２つは、５つのグループのどこに属していたのか思い出せますか？

売上…収益グループ　　現金…資産グループ

でしたね。

この取引は現金という資産が会社に入ってきたので“資産の増加”であり、一方で売上という収益が生じたので“収益の発生”

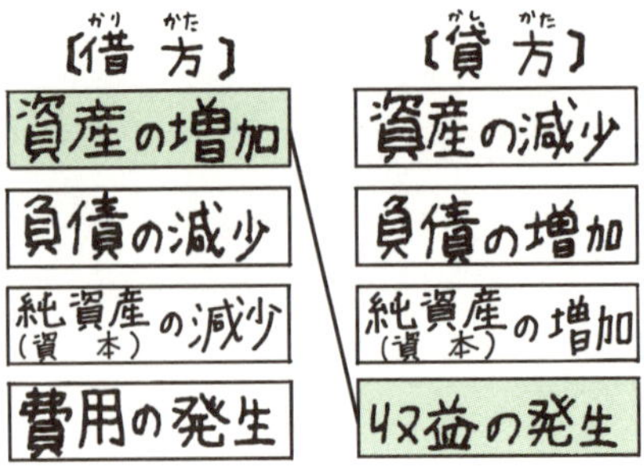

となります。

資産の増加は借方でしたから左側、収益の発生は貸方でしたから右側ですね。

それでは、仕訳のルールに従って仕訳してみましょう。

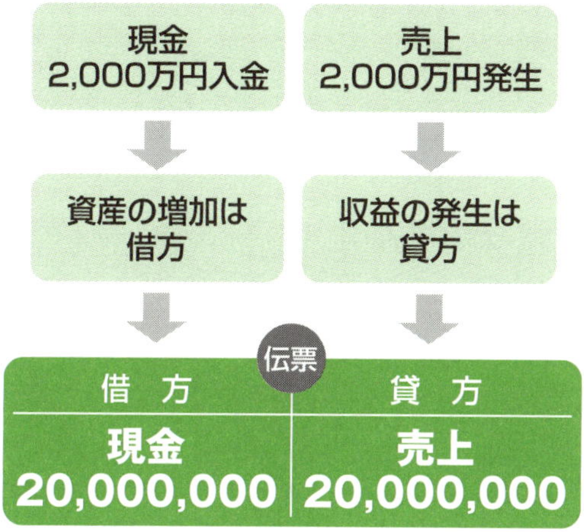

借方に「現金2,000万円」、貸方に「売上2,000万円」と記入します。

すべての取引は借方と貸方の組み合わせ

すでに気づいた人もいるかと思いますが、どんな取引も必ず仕訳のルールの〈借方４つ〉のうちのいずれかと、〈貸方４つ〉のうちのいずれかとの組み合わせにより説明がつくのです。

比較的によく生ずる組み合わせを線で結んでみると、次の図のようになります。

仕訳のルール

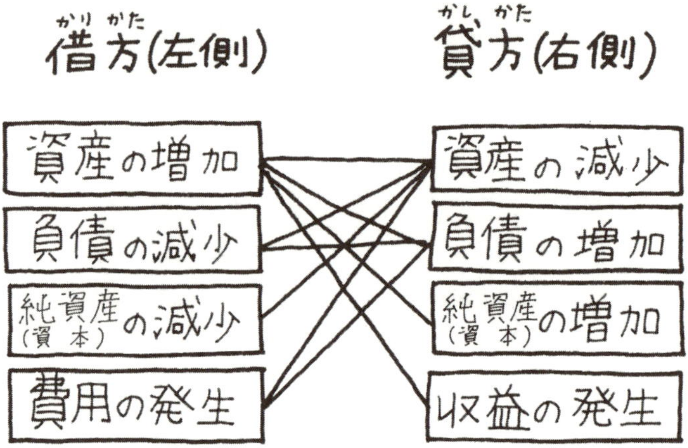

帳簿への記録

仕訳が終われば総勘定元帳へ転記する

伝票から総勘定元帳へ

伝票への記入（仕訳《しわけ》）が終わったら、今度は帳簿への記録を行います。

経理部では、仕訳された伝票をもとに総勘定元帳《そうかんじょうもとちょう》という帳簿に記録します。総勘定元帳は、現金勘定とか売上勘定など、すべての勘定科目の記入欄が設けられている帳面（ノート）です。

総勘定元帳に転記することにより取引が整理され、各勘定科目ごとの増加・減少・残高が明らかになります。

総勘定元帳への転記を行うことで、次に行う試算表《しさんひょう》の作成も容易となり、ひいては貸借対照表《たいしゃくたいしょうひょう》や損益計算書《そんえきけいさんしょ》の作成が能率的に行えるのです。

最近はパソコンが自動的に行うことが多いのですが、しくみを覚えることは大切です。次ページで、転記の作業を実際に行ってみましょう。

転記の作業をやってみよう！

次の2つの取引を仕訳し、総勘定元帳に転記してみよう。

《取引例1》 商品110万円を売り上げ、代金は現金で受け取った。

《取引例2》 商品80万円を仕入れ、代金は現金で支払った。

《取引例1》

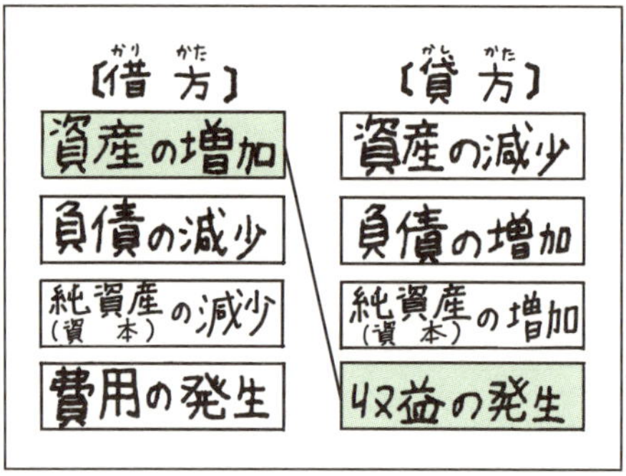

《取引例2》

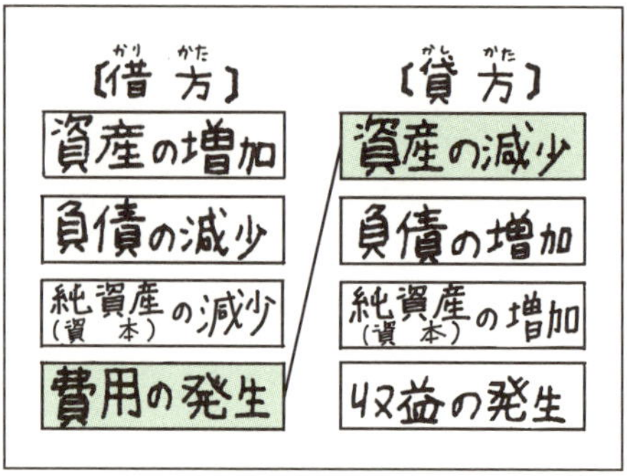

伝　票

《取引例1》

借　方	貸　方
現金 1,100,000	売上 1,100,000

《取引例2》

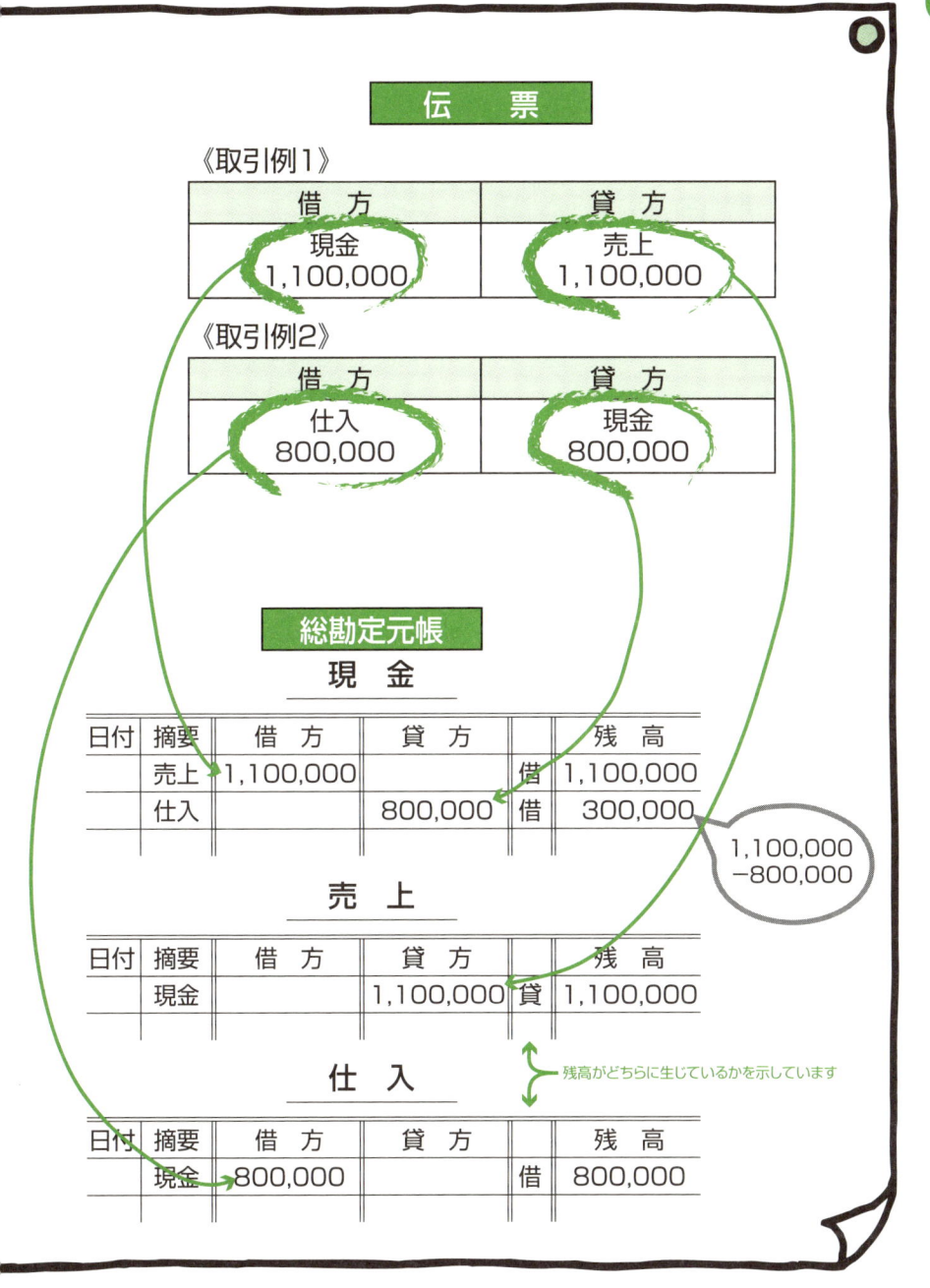

借　方	貸　方
仕入 800,000	現金 800,000

総勘定元帳

現　金

日付	摘要	借　方	貸　方		残　高
	売上	1,100,000		借	1,100,000
	仕入		800,000	借	300,000

1,100,000
−800,000

売　上

日付	摘要	借　方	貸　方		残　高
	現金		1,100,000	貸	1,100,000

残高がどちらに生じているかを示しています

仕　入

日付	摘要	借　方	貸　方		残　高
	現金	800,000		借	800,000

仕訳の達人になるための3つのポイント

1. 勘定科目を覚える

資産《しさん》・負債《ふさい》・純資産《じゅんしさん》（資本《しほん》）・費用《ひよう》・収益《しゅうえき》の各グループに属する勘定科目《かんじょうかもく》を覚えることが、仕訳《しわけ》をスムーズに行うための前提条件です。

資産に属するものとして、現金、受取手形、売掛金などがありますが、「売掛金はどこに属するか」と問われたときに、即座に「資産！」と答えられるようになればしめたものです。

もちろん一度に覚えるのは大変なので、代表的なものから１つひとつ覚えていくのがコツです。

現金は？
しっ…資産！
売上は？
収益！
借入金《かりいれきん》は？
負債！

2. 仕訳のルールを覚える

前節で学んだ仕訳のルールを覚えることです。全部で8つしかありません。移動時間などを利用するだけでも数日で十分に覚えられます。

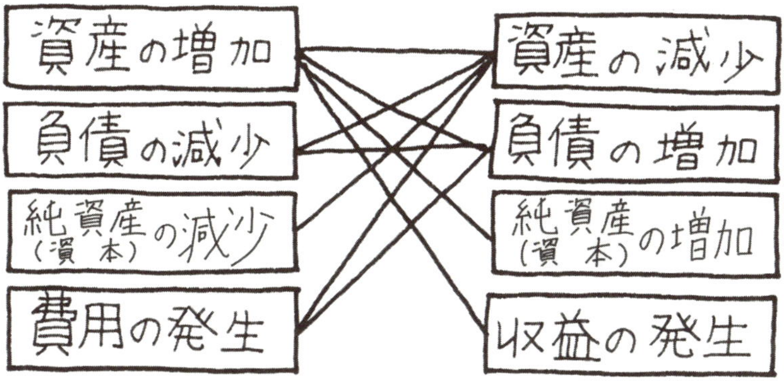

3. 取引例を実際に仕訳する

「簿記は、手を動かして体で覚えろ」といわれます。できるだけ多くの取引例を、実際に仕訳してみることが大切です。その際には、頭の中で仕訳するのではなく、ノートに書くということを心がけてください。

PART 4

実際に仕訳をやってみよう

仕訳は手を動かして体で覚えることが大切。
ノートとペンを用意して、
ここで出てくる取引を
実際に仕訳してみてください。

お先ー
お疲れさまでしたー
フランスねずみ
な、ちょっと飲んで行こーぜ、おごるからさ
あ、はい
どうしたカズオ元気ないな
わかりますか? やっぱするどいな先輩は
実はこの間取引先で「お前の態度はなっとらんっ」と、怒られまして…
どうしていいのか考えれば考えるほどわからなくなって…
どんどんヘコんでしまいまして…
なんだ～そんなことか そういうのは深く考えすぎちゃダメなんだよ
基本的なマナーさえ頭にたたきこんだらあとは体で覚えるしかないな
営業は体で覚える!
はぁ、体で…
体で覚えるのは営業だけではありませんっ!
な、なんだ?
うわっ こんな所にまで
仕訳は基本的なルールさえ頭にたたきこんだら後は体で覚えるしかないのです!

ペンを持ち、
ノートを広げ、
ひたすら取引を
仕訳していくのです
借《かり》
貸《かし》
借《かり》
貸《かし》
現金
有価証券
現金
売掛金
当座預金
現金
カズオくん
あなた最近
簿記の勉強を
サボってましたね
なぁ誰？
友だち？
え、いや
そんな
会社の基本的な数字も
わからないようでは
取引先の信用は
得られませんよ
そっそうだねっ
ねっ！先輩！
え？
オレ？
仕訳も営業も
体で覚える！
次ページから
取引例を
どんどん仕訳して
いきましょう！
おおーっ
それ、誰
払うの？
よーし
がんばるぞ！

資産の仕訳

資産が増加したときには借方に減少したときには貸方に記入する

ここで資産《しさん》の勘定科目《かんじょうかもく》を復習しておきましょう。

資産グループの代表的な勘定科目

現金　普通預金　当座預金　受取手形　売掛金　電子記録債権　貸付金　有価証券　繰越商品　未収金　建物　車両運搬具　備品　土地　特許権　著作権　創立費　社債発行費　など

以上のように、資産には現金をはじめ、債権や固定資産《こていしさん》などのほか、便宜上資産とされる繰延資産《くりのべしさん》などがあります。

仕訳のルールは以下のとおりです。さっそく資産の仕訳をやってみましょう。

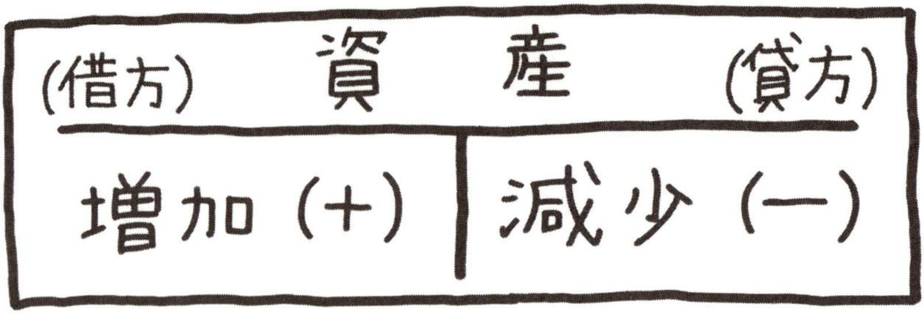

現金の仕訳

資産のなかでもっとも代表的な「現金」から見ていきましょう。現金には10円玉や100円玉のような硬貨、1,000円札や10,000円札などの紙幣のほか、他社から受け取った小切手のように現金と同じように使えるものも含まれます。

例 現金1,000万円を資本金として会社を設立した

現金という資産が1,000万円増加し、資本金という純資産が1,000万円増加しました。資産の増加は借方に、純資産の増加は貸方に仕訳します。

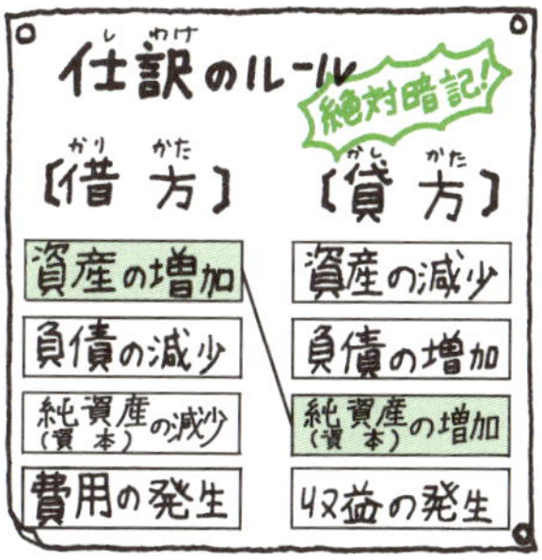

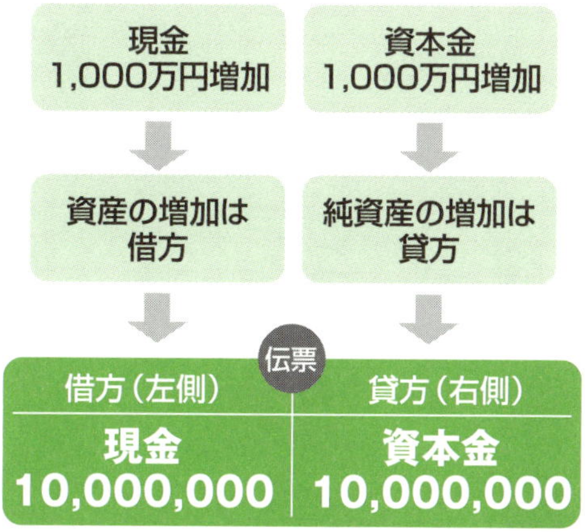

借方に「現金1,000万円」、貸方に「資本金1,000万円」と記入します

預金の仕訳

預金には、いつでも引き出すことのできる「普通預金」、一定期間引き出すことのできない「定期預金」、小切手を振り出すことのできる「当座預金」などがあります。

会社でよく使われるのは普通預金と当座預金です。

例 現金10万円を当座預金に預け入れた

会社の金庫から現金を出して銀行に預けるわけですから、現金が減ると同時に、当座預金が増えることになります。

当座預金という資産が10万円増加し、現金という資産が10万円減少しました。資産の増加と資産の減少という、資産どうしが入れかわった取引ですね。

当座預金 10万円増加	現金 10万円減少
↓	↓
資産の増加は借方	資産の減少は貸方
↓	↓

伝票

借方（左側）	貸方（右側）
当座預金 100,000	**現金 100,000**

仕《し》訳《わけ》のルール 絶対暗記！

〔借《かり》 方《かた》〕	〔貸《かし》 方《かた》〕
資産の増加	資産の減少
負債の減少	負債の増加
純資産（資本）の減少	純資産（資本）の増加
費用の発生	収益の発生

借方に「当座預金10万円」、貸方に「現金10万円」と記入します

有価証券の仕訳

「有価証券」には、株式、国債《こくさい》、公債《こうさい》、社債《しゃさい》などがあります。有価証券を購入すると手数料を取られます。仕訳の際には有価証券の金額に証券会社の手数料も含めます。

例 A社の株式100万円と手数料2万円の代金を証券会社に現金で支払った

有価証券という資産が102万円増加し、現金という資産が102万円減少しました。これも、資産の増加と資産の減少という組み合わせです。

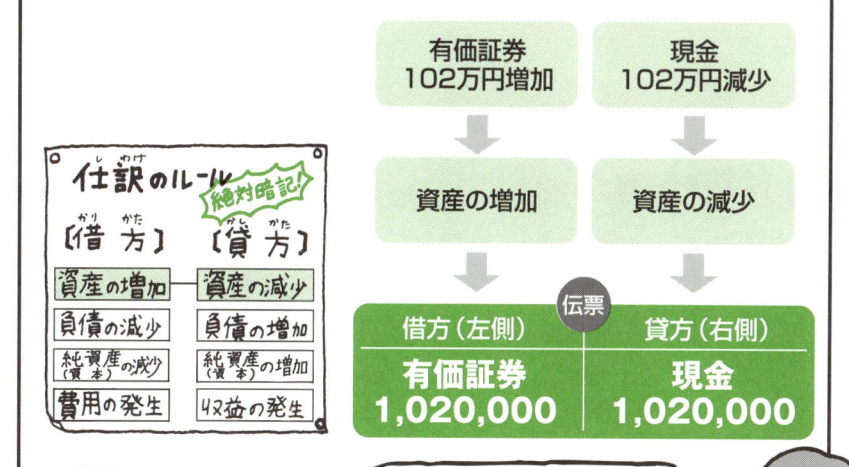

有価証券 102万円増加	現金 102万円減少
↓	↓
資産の増加	資産の減少
↓	↓

伝票

借方(左側)	貸方(右側)
有価証券 1,020,000	**現金 1,020,000**

売掛金の仕訳

商品を販売して、代金を後で受け取ることを掛《かけ》売《う》りといいます。勘定科目では「売掛金《うりかけきん》」という勘定を使用します。売掛金は、後日その金額が入ってくるという意味で、お金をもらえる権利、すなわち債権としての資産です。

例　商品100万円を売上げ、代金は月末に受け取る約束をした

売掛金という資産が100万円増加し、売上という収益が100万円発生(増加)しました。資産の増加は借方に、収益の発生は貸方に仕訳します。

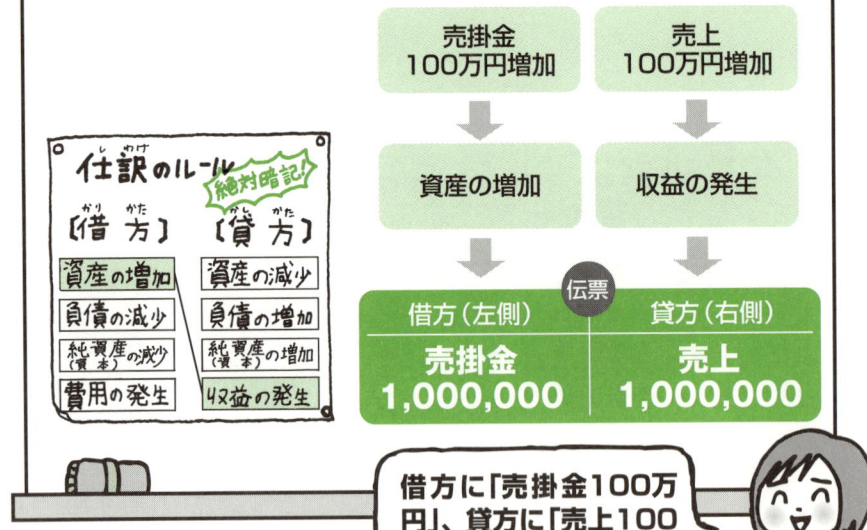

売掛金 100万円増加	売上 100万円増加
↓	↓
資産の増加	収益の発生
↓	↓

伝票

借方(左側)	貸方(右側)
売掛金 1,000,000	**売上 1,000,000**

借方に「売掛金100万円」、貸方に「売上100万円」と記入します

受取手形の仕訳

商品の売上や、売掛金の回収に「約束手形」をもらうことがあります。約束手形は、手形面上に記載してある金額を支払日に支払うことを約束する証券です。

約束手形は、受け取った側では「受取手形」の勘定科目になり、支払った側では「支払手形」の勘定科目になります。

例　売掛金100万円の代金回収に約束手形を受け取った

受取手形という資産が100万円増加し、売掛金という資産が100万円減少しました。資産の増加と資産の減少というおなじみの組み合わせです。

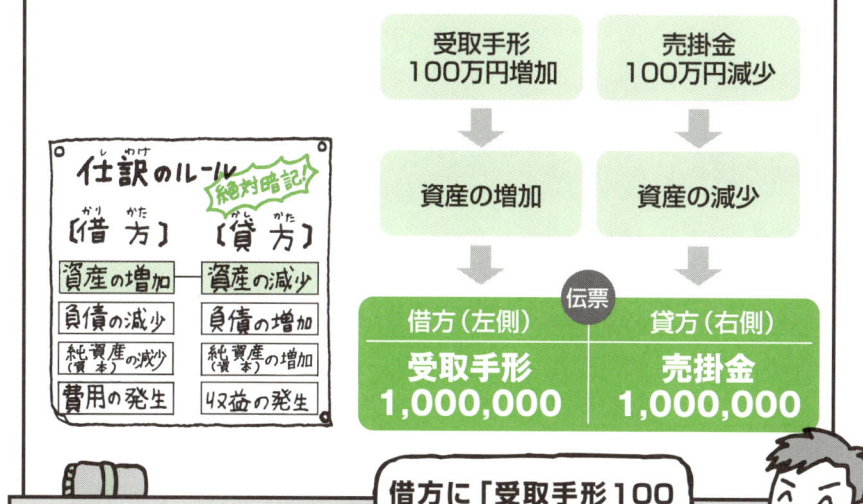

受取手形
100万円増加
↓
資産の増加

売掛金
100万円減少
↓
資産の減少

伝票

借方（左側）	貸方（右側）
受取手形 1,000,000	売掛金 1,000,000

借方に「受取手形100万円」、貸方に「売掛金100万円」と記入します

貸付金の仕訳

「貸付金」は、会社がお金を貸したときに用いる勘定科目です。従業員に住宅購入資金の一部を貸す場合や、子会社に資金を貸し付ける場合などがあります。

例　S社に現金100万円を貸し付けた

現金という資産が100万円減少し、貸付金という資産が100万円増加しています。資産の減少と資産の増加という組み合わせです。

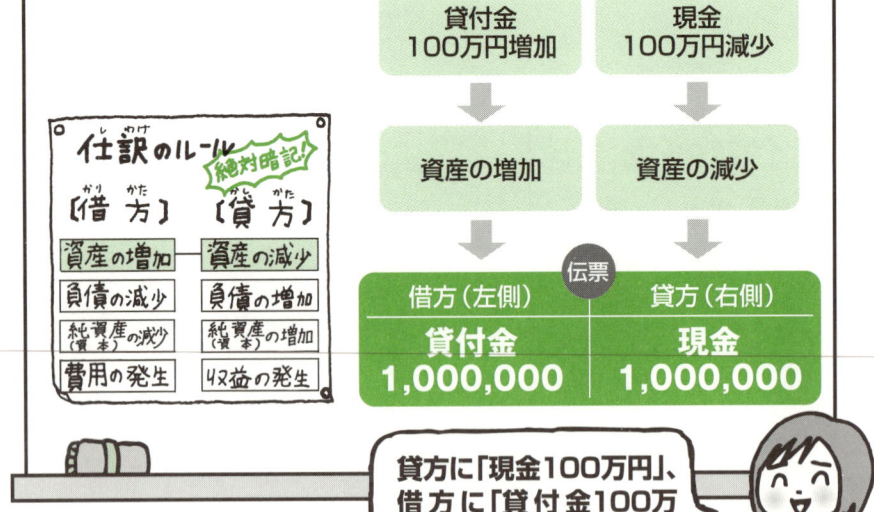

貸付金 100万円増加	現金 100万円減少
↓	↓
資産の増加	資産の減少
↓	↓

伝票

借方（左側）	貸方（右側）
貸付金	**現金**
1,000,000	**1,000,000**

貸方に「現金100万円」、借方に「貸付金100万円」と記入します

有形固定資産の仕訳

建物・構築物・備品・車両運搬具・機械・特許権・著作権など、１年以上使用するものを、固定資産といいます。固定資産のなかでも建物や土地などの形のあるものは「有形固定資産」といいます。

例　乗用車を100万円で購入し、代金は未払である

車両運搬具という資産が100万円増加し、未払金という負債が100万円増加しています。資産の増加と負債の増加という組み合わせですね。負債の増加は貸方です。

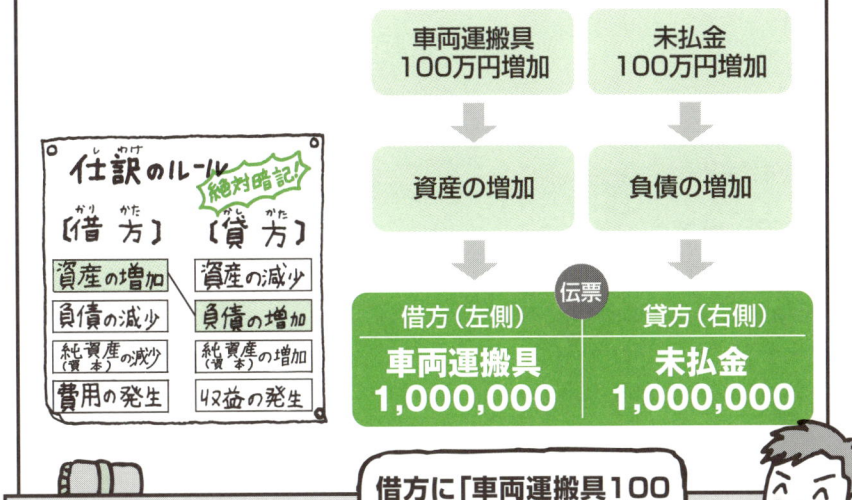

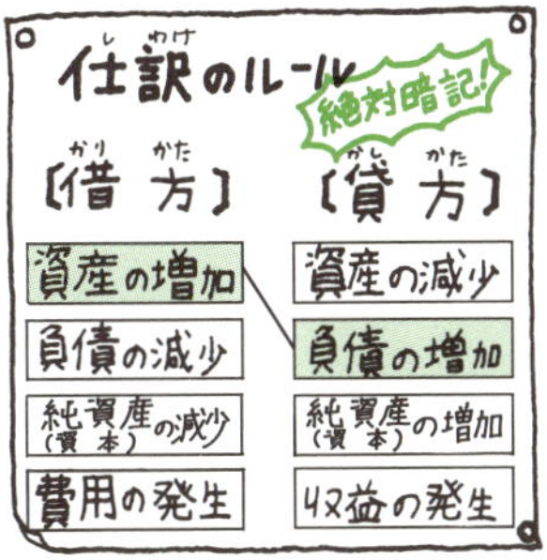

車両運搬具 100万円増加	未払金 100万円増加
↓	↓
資産の増加	負債の増加
↓	↓

伝票

借方（左側）	貸方（右側）
車両運搬具 **1,000,000**	**未払金** **1,000,000**

借方に「車両運搬具100万円」、貸方に「未払金100万円」と記入します

無形固定資産の仕訳

「無形固定資産《むけいこていしさん》」は、具体的な形はありませんが、法律によって権利が認められている資産のことです。特許権《とっきょけん》・商標権《しょうひょうけん》・実用新《じつようしん》案権《あんけん》・意匠権《いしょうけん》・鉱業権《こうぎょうけん》・借地権・著作権・ソフトウェア権などがあります。

無形固定資産は売買することができます。

例 著作権を現金100万円で譲り受けた

著作権という資産100万円の増加と現金という資産100万円の減少です。

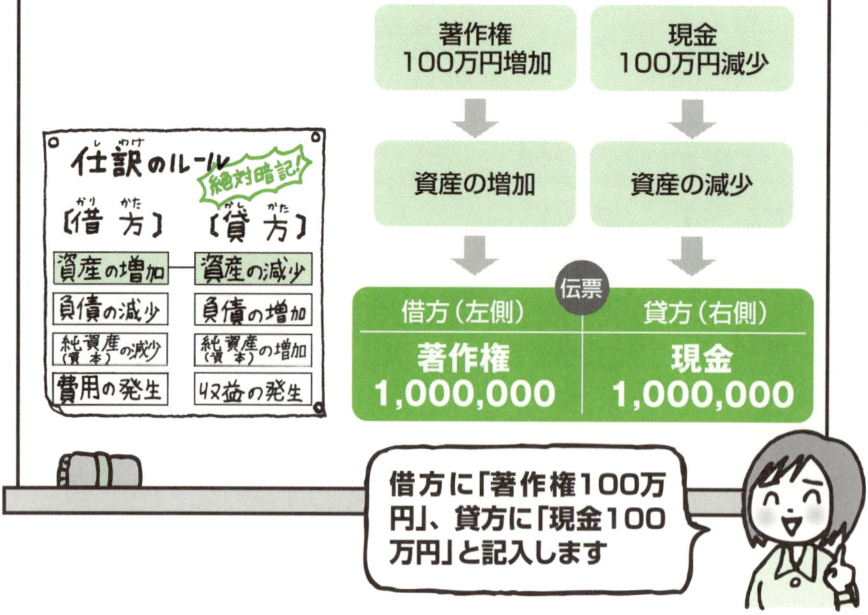

繰延資産の仕訳

「繰延資産《くりのべしさん》」は、実際は資産ではなく費用ですが、支出した費用の効果が長期に及ぶために、資産性を認めているのです（Ｐ45参照）。たとえば、会社を設立するのに必要な登記《とうき》の費用とか定款《ていかん》の作成費用などは、まとめて「創立費」という勘定科目を用いて資産に含めます。

このほかに株式交付費《かぶしきこうふひ》や社債発行費《しゃさいはっこうひ》などがあります。

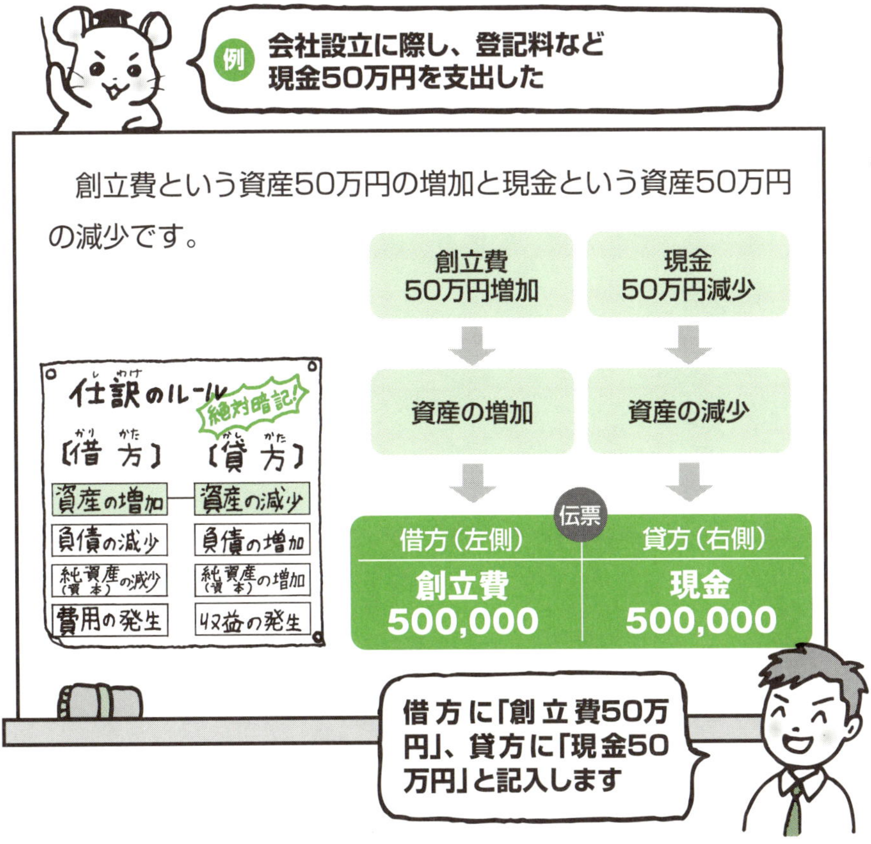

負債の仕訳

負債が増加したときには貸方に減少したときには借方に記入する

負債とは、銀行などからお金を借りたり、ものを買った代金が未払いであるなど、将来なんらかの支払いをしなければならない義務のことです。

ここで負債の勘定科目を復習しておきましょう。

負債グループの代表的な勘定科目

借入金　支払手形　買掛金　電子記録債務　未払金
預り金　引当金　など

仕訳のルールは以下の通りです。さっそく負債の仕訳をやってみましょう。

負　債

(借方)	(貸方)
減少 (－)	増加 (＋)

借入金の仕訳

銀行などからの借金を記録するための勘定科目が「借入金《かりいれきん》」です。借入金には、運転資金として一時的に（１年以内）借りるものと、設備投資のために長期的に（１年超）借りるものの２種類があります。前者を短期借入金、後者を長期借入金といいます。

例　銀行から現金100万円を借り入れた

現金という資産100万円の増加と、借入金という負債100万円の増加です。

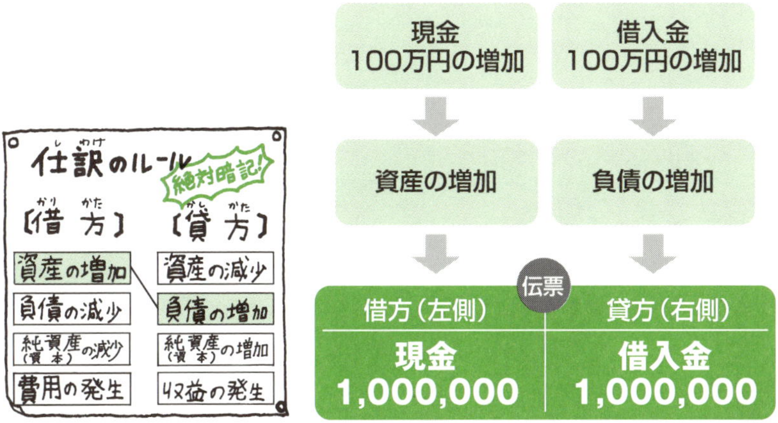

買掛金の仕訳

商品を仕入れて、代金を後日支払う約束をしたときに用いる勘定科目を「買掛金《かいかけきん》」といいましたね。買掛金は、仕入れた商品の未払代金を記録するための勘定です。

なお、このようにツケで商品を仕入れることを「掛《かけ》買《が》い」とか「掛《かけ》仕《し》入《い》れ」といいます。

例　商品100万円を掛で仕入れた

仕入という費用が100万円発生し、買掛金という負債が100万円増加しました。費用の発生は借方に、負債の増加は貸方に仕訳します。

仕入 100万円の発生	買掛金 100万円の増加
↓	↓
費用の発生	負債の増加

伝票

借方（左側）	貸方（右側）
仕入 1,000,000	**買掛金 1,000,000**

借方に「仕入100万円」、貸方に「買掛金100万円」と記入します

支払手形の仕訳

商品を購入し、代金は後日払いの約束をすると、「買掛金」という負債が増加します。しかし、約束の支払日がきても、すぐに払えない場合があります。

そういったときは約束手形を振り出して、支払いを猶予《ゆうよ》してもらいます。この場合には「支払手形」という勘定科目を使用します。

例 買掛金100万円を約束手形を振り出して支払った

買掛金という負債が100万円減少し、支払手形という負債が100万円増加しました。負債どうしが入れかわった取引です。

買掛金 100万円減少 → 負債の減少

支払手形 100万円増加 → 負債の増加

伝票

借方(左側)	貸方(右側)
買掛金 1,000,000	**支払手形 1,000,000**

借方に「買掛金100万円」、貸方に「支払手形100万円」と記入します

未払金の仕訳

会社が備品を買ったり、自動車を買ったりして、その代金をまだ支払っていない場合には「未払金」という勘定科目を用います。

このように、商品以外の代金が未払のときには「未払金」、商品の仕入のときは「買掛金」を使います。使い分けを間違えないようにしてください。

例　100万円の備品を購入し、代金は1カ月後に支払うこととした

備品という資産が100万円増加し、未払金という負債が100万円増加しました。

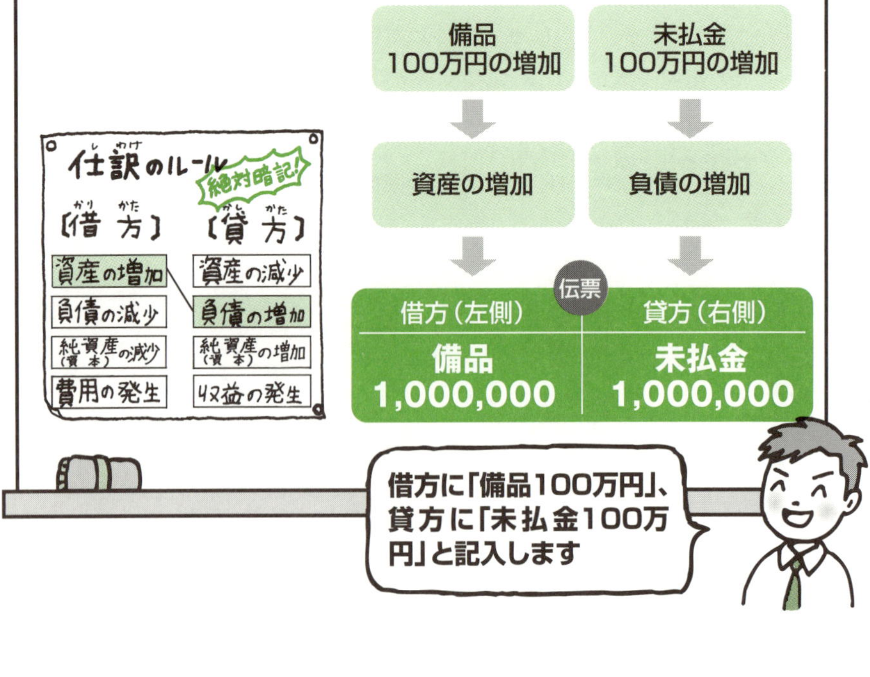

預り金の仕訳

取引先から一時的に金銭を預かったり、従業員に給料を支払うときに差し引いて預かった所得税などは「預り金」を用います。預り金はいずれ取引先に戻したり、税務署などに納めます。

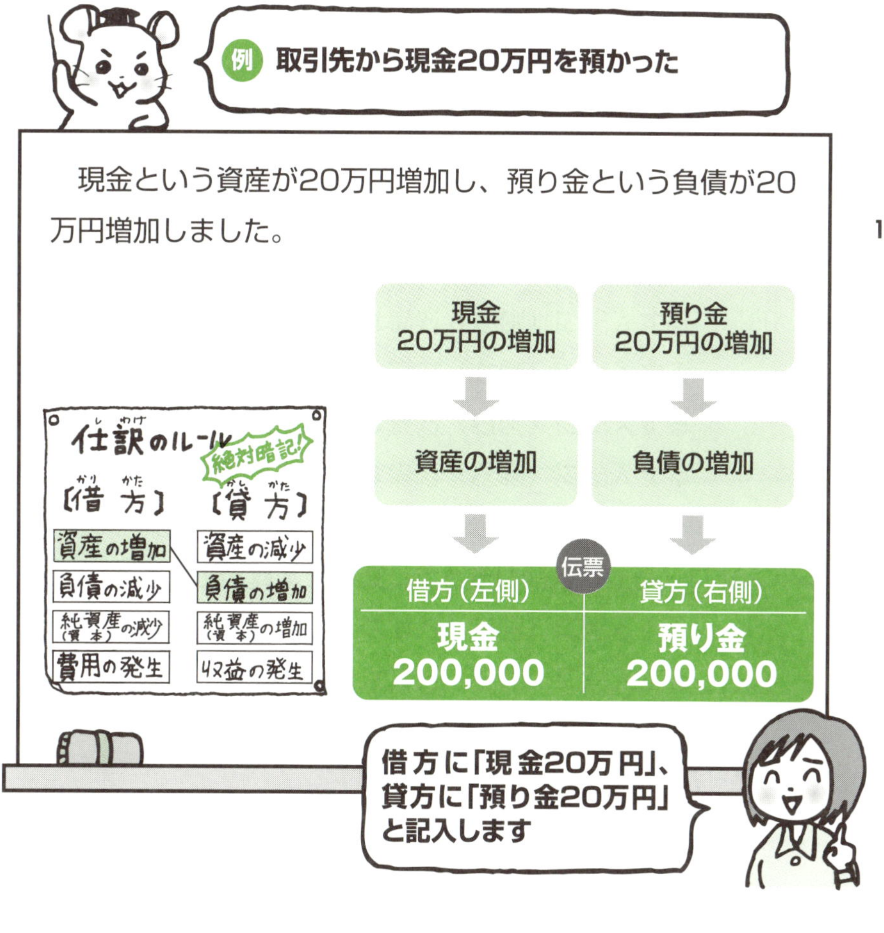

純資産（資本）の仕訳

純資産が増加したときには貸方に減少したときには借方に記入する

純資産（資本）は、株主が出資したものと、企業努力によって得た利益とに分けられます。

株主の出資金《しゅっしきん》が「資本金《しほんきん》」「資本準備金《しほんじゅんびきん》」であり、企業努力の成果として得られたものが、「利益準備金《りえきじゅんびきん》」「任意積立金《にんいつみたてきん》」「繰越《くりこし》利益剰余金《りえきじょうよきん》」となります。並べると次のようになります。

資本グループの代表的な勘定科目

資本金　資本準備金　利益準備金　任意積立金
繰越利益剰余金　など

仕訳のルールは以下の通り。純資産の仕訳をやってみましょう。

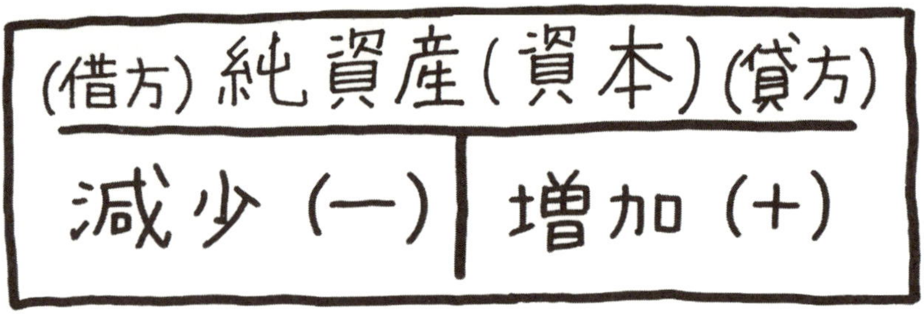

資本金の仕訳

「資本金《しほんきん》」とは、株主が払い込んだ出資金を記録するための勘定科目でしたね。

例　会社を設立し、株主より出資金1,000万円の払い込みを受け、当座預金とした

当座預金という資産が1,000万円増加し、資本金という純資産が1,000万円増加しました。

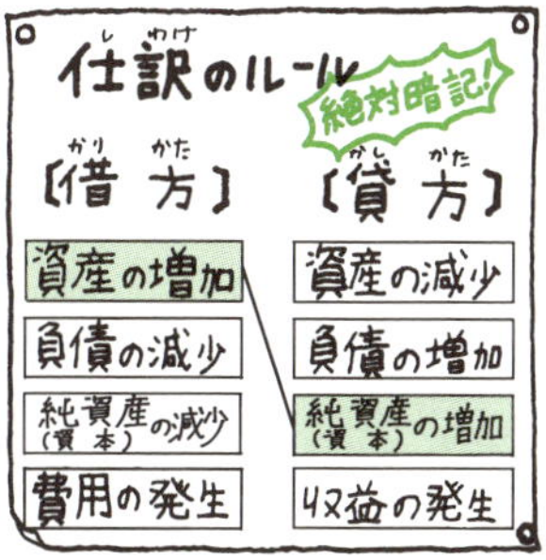

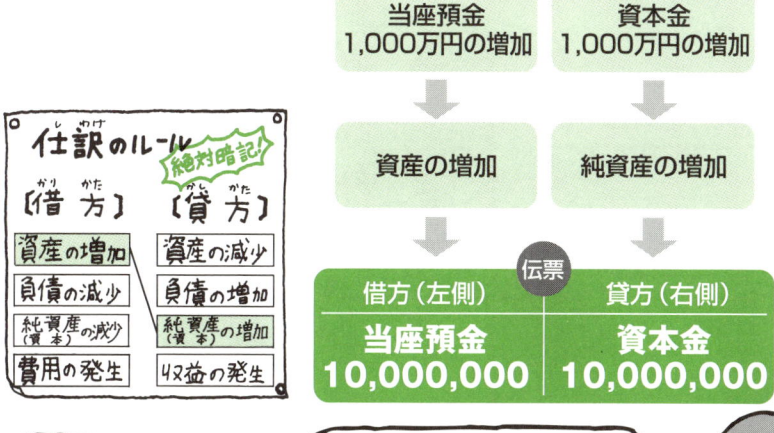

当座預金
1,000万円の増加
↓
資産の増加
↓

資本金
1,000万円の増加
↓
純資産の増加
↓

伝票

借方(左側)	貸方(右側)
当座預金 10,000,000	資本金 10,000,000

借方に「当座預金1,000万円」、貸方に「資本金1,000万円」と記入します

資本準備金の仕訳

株主の払込額（出資金）のうち、資本金としなかった部分を「資本準備金《しほんじゅんびきん》」といいます。

例 株主より出資金2,000万円の払い込みを受け、当座預金とした。なお、このうち1,000万円は資本金に組み入れないものとする

当座預金という資産2,000万円の増加と、資本金という純資産1,000万円・資本準備金という純資産1,000万円の増加です。

純資産の増加は貸方なので、この取引では貸方に2つの勘定科目が並びます。

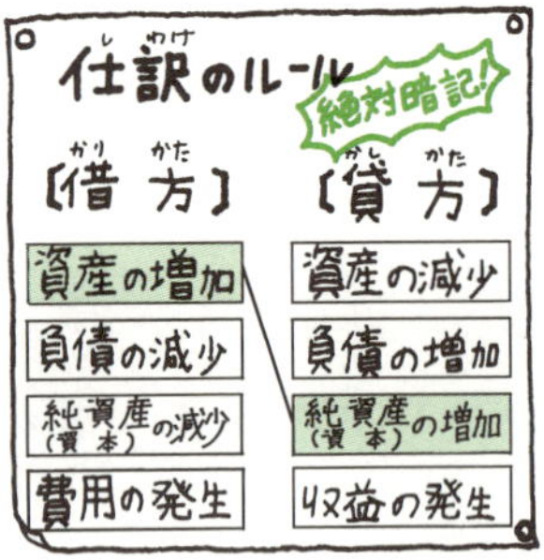

当座預金 2,000万円増加	資本金 1,000万円の増加 / 資本準備金 1,000万円の増加
↓	↓
資産の増加	純資産の増加 / 純資産の増加
↓	↓

伝票

借方（左側）	貸方（右側）
当座預金 20,000,000	資本金 10,000,000
	資本準備金 10,000,000

借方に「当座預金2,000万円」、貸方に「資本金1,000万円」・「資本準備金1,000万円」と記入します

繰越利益剰余金の仕訳

会社は営業活動を行い、(当期純) 利益を生み出します。「繰越《くりこし》利益剰余金《りえきじょうよきん》」は、これを計上するための勘定科目です。

この繰越利益剰余金は株主総会で、利益準備金《りえきじゅんびきん》、株主配当金《かぶぬしはいとうきん》、任意積立金《にんいつみたてきん》などに処分されます。

例 **繰越利益剰余金77万円を次のように処分した。利益準備金7万円、株主配当金70万円**

繰越利益剰余金という純資産77万円の減少と、未払配当金70万円という負債の増加と、利益準備金7万円という純資産の増加です。

繰越利益剰余金 77万円の減少	利益準備金 7万円の増加 未払配当金 70万円の増加
↓	↓
純資産の減少	純資産の増加 負債の増加
↓	↓

伝票

借方(左側)	貸方(右側)
繰越利益剰余金 770,000	利益準備金 70,000 未払配当金 700,000

仕訳《しわけ》のルール 絶対暗記!

〔借《かり》方《かた》〕	〔貸《かし》方《かた》〕
資産の増加	資産の減少
負債の減少	負債の増加
純資産(資本)の減少	純資産(資本)の増加
費用の発生	収益の発生

借方に「繰越利益剰余金77万円」、貸方に「未払配当金70万円」・「利益準備金7万円」と記入します

費用が発生したときには借方に記入する

費用とは、収益を得るためにかかってくるもろもろの出費のことでしたね。具体的には、次のような勘定科目があります。

費用グループの代表的な勘定科目

仕入　給料　通信費　旅費交通費　水道光熱費
広告宣伝費　保険料　支払家賃　図書費
減価償却費　支払利息　など

○○費、とつくものが多いですね。仕訳のルールは以下の通り。費用の減少（取消）はごくまれにしか生じないので、ここでは発生のみを見ていきましょう。

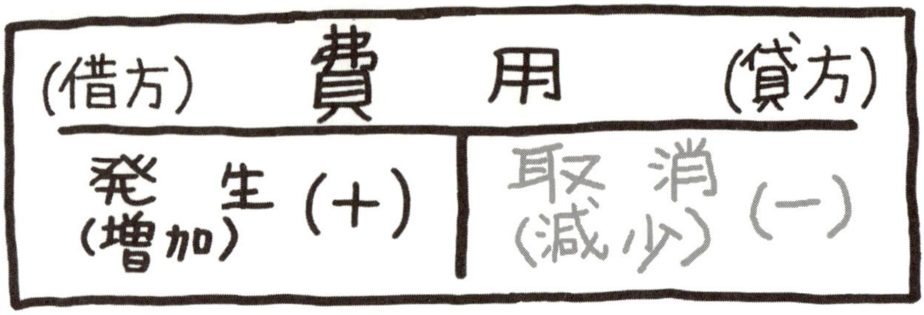

仕入の仕訳

商品を仕入れたときに、これを記録するための勘定科目が「仕《し》入《いれ》」です。

仕入のうち、売れた分が最終的に費用として収益から差し引かれ、売れ残った分は繰越商品《くりこししょうひん》として次期に繰り越されます。しかし、とりあえずは仕入を費用として仕訳し、次期に繰り越す分は決算整理《けっさんせいり》で修正します。

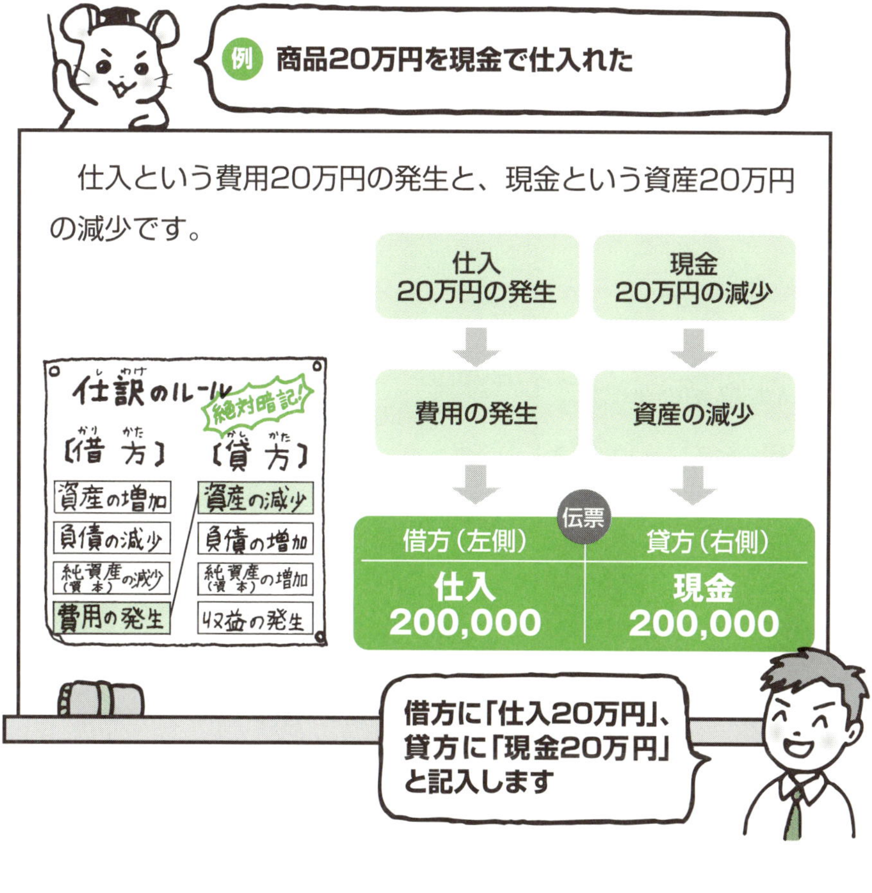

旅費交通費の仕訳

「旅費交通費」は、営業のために使ったタクシー代、電車賃、出張旅費などを記録するための勘定です。

例 電車賃3,000円を現金で支払った

旅費交通費という費用3,000円の発生と、現金という資産3,000円の減少です。費用の発生と資産の減少という組み合わせですが、費用に関しては、この組み合わせがもっとも多くなります。

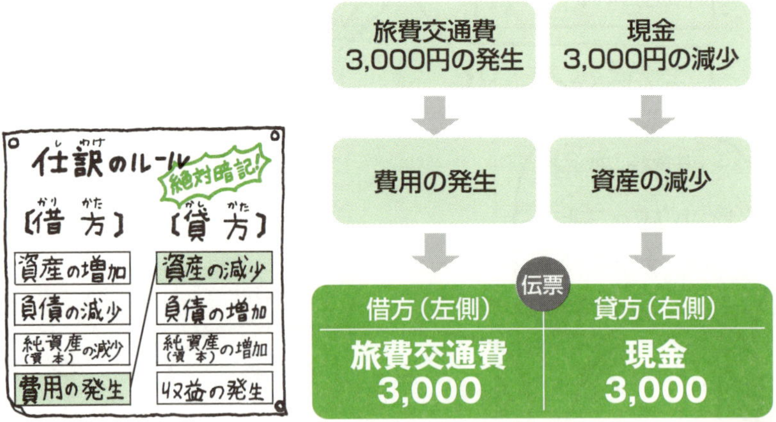

借方に「旅費交通費3,000円」、貸方に「現金3,000円」と記入します

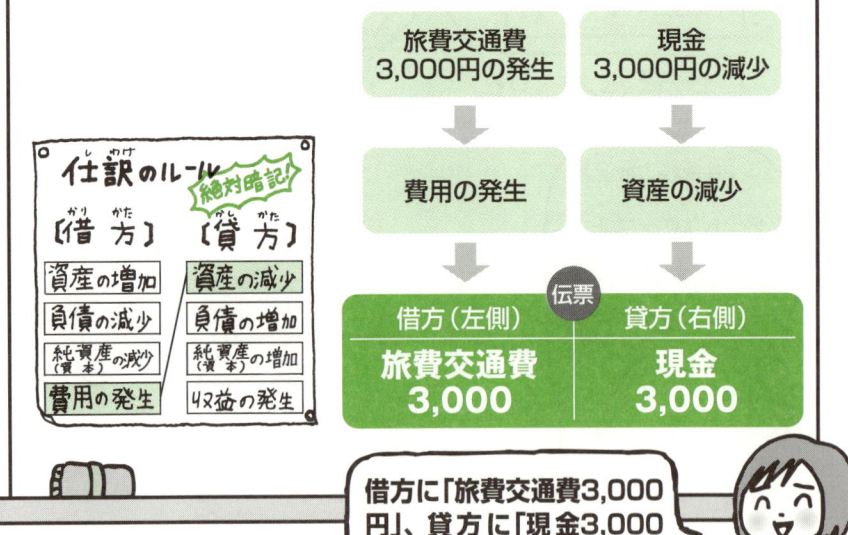

水道光熱費の仕訳

電気料金、ガス使用料、水道料金はまとめて「水道光熱費」という勘定科目で処理するのが普通です。

電話代や新聞代も一緒に処理したくなるところですが、電話代は「通信費」、新聞代は「図書費」や「図書研究費」といった勘定科目で処理します。

水道光熱費という費用15,000円の発生と、現金という資産15,000円の減少です。

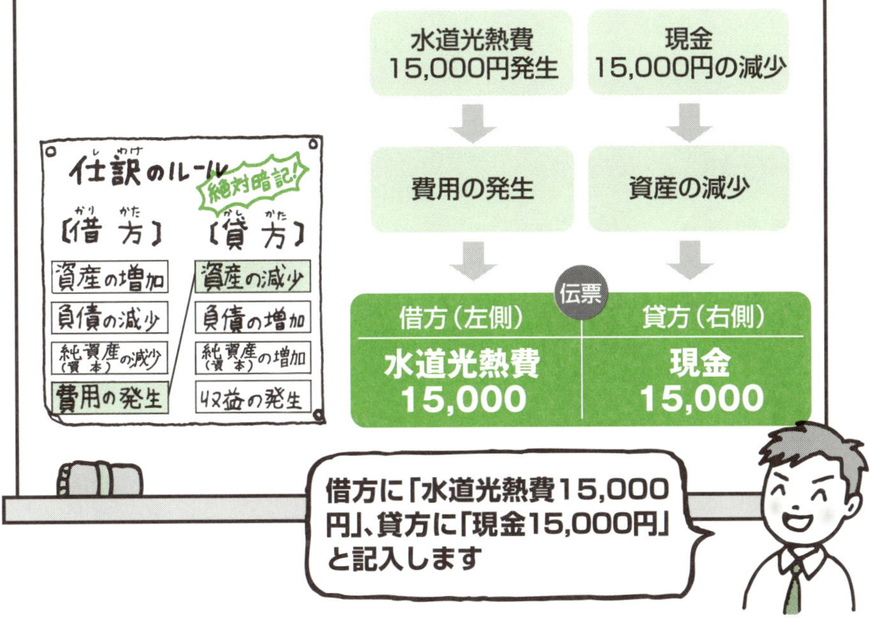

広告宣伝費の仕訳

新聞のチラシ広告やテレビコマーシャルなど、宣伝のために出費した場合は「広告宣伝費」という勘定科目を使います。

業種によっては、かなりの宣伝活動を行うことがあります。

例 **販売促進のためテレビコマーシャルを流すことになり、広告会社に300万円を現金で支払った**

広告宣伝費という費用300万円の発生と、現金という資産300万円の減少です。

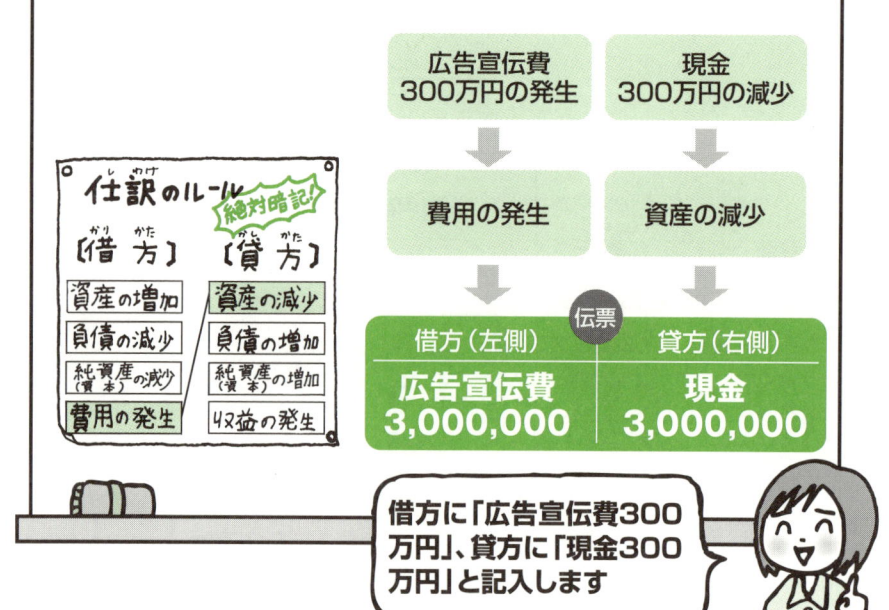

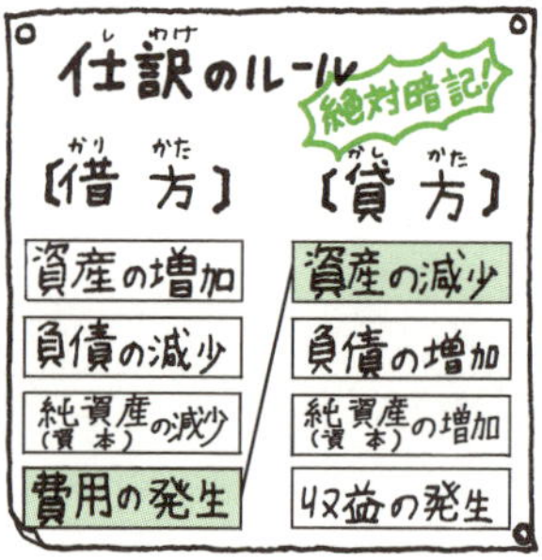

広告宣伝費 300万円の発生	現金 300万円の減少
↓	↓
費用の発生	資産の減少
↓	↓

伝票

借方（左側）	貸方（右側）
広告宣伝費 3,000,000	**現金 3,000,000**

借方に「広告宣伝費300万円」、貸方に「現金300万円」と記入します

固定資産売却損の仕訳

建物、備品、車両運搬具《しゃりょううんぱんぐ》、土地などのことを「固定資産《こていしさん》」といいます。本来は使用する目的で購入したものですが、不用となって売却することがあります。売却して売却損が出た場合に、これを記録するための勘定科目が「固定資産売却損《こていしさんばいきゃくそん》」です。

例　不用となった備品（帳簿価額）50万円を42万円で売却し、売却代金を現金で受けとった

50万円の備品を42万円で売却したので差額8万円が固定資産売却損です。現金という資産42万円の増加、固定資産売却損という費用の発生、備品という資産50万円の減少になります。

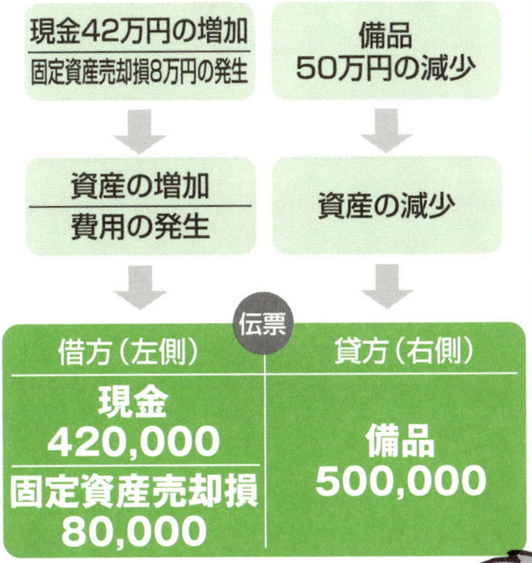

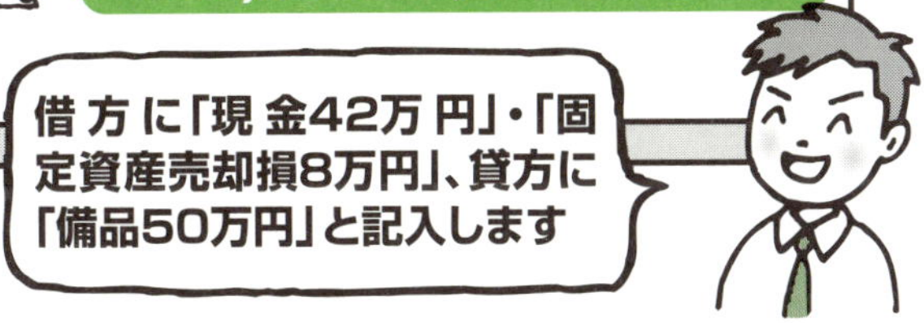

収益の仕訳

収益が発生したときには貸方に記入する

収益とは、利益のもととなる収入のことでしたね。具体的には、以下のような勘定科目があります。

収益グループの代表的な勘定科目

売上《うりあげ**》**　受取《うけとり》手《て》数料《すうりょう》　受取《うけとり》利《り》息《そく》　受取配当金《うけとりはいとうきん》

有《ゆう》価《か》証券売却益《しょうけんばいきゃくえき》　など

仕訳のルールは以下の通り。収益の減少（取消）はごくまれにしか生じないので、ここでは考える必要はありません。

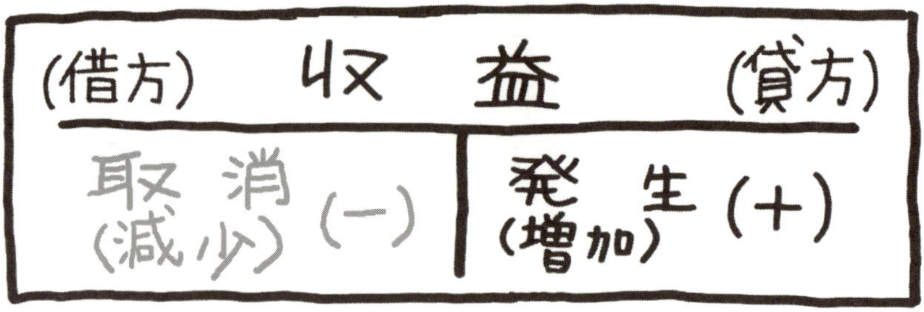

売上の仕訳

商品を販売したときには「売上」を使うというのは、もうおわかりですね。

例　1個2万円の商品を500個現金販売した

売上という収益が発生し、現金という資産が増加します。資産の増加は借方に、収益の発生は貸方に記入します。

1個2万円の商品を500個売ったので、2万円×500個＝1,000万円の売上になります。

現金という資産1,000万円の増加と、売上という収益1,000万円の発生です。

現金 1,000万円の増加 → 資産の増加

売上 1,000万円の発生 → 収益の発生

伝票

借方（左側）	貸方（右側）
現金 10,000,000	売上 10,000,000

借方に「現金1,000万円」、貸方に「売上1,000万円」と記入します

受取利息の仕訳

銀行に預金がある場合やお金を貸し付けている場合には、利息を受け取ることができます。「受取利息」は、このように利息を受け取ったときに用いる勘定科目です。

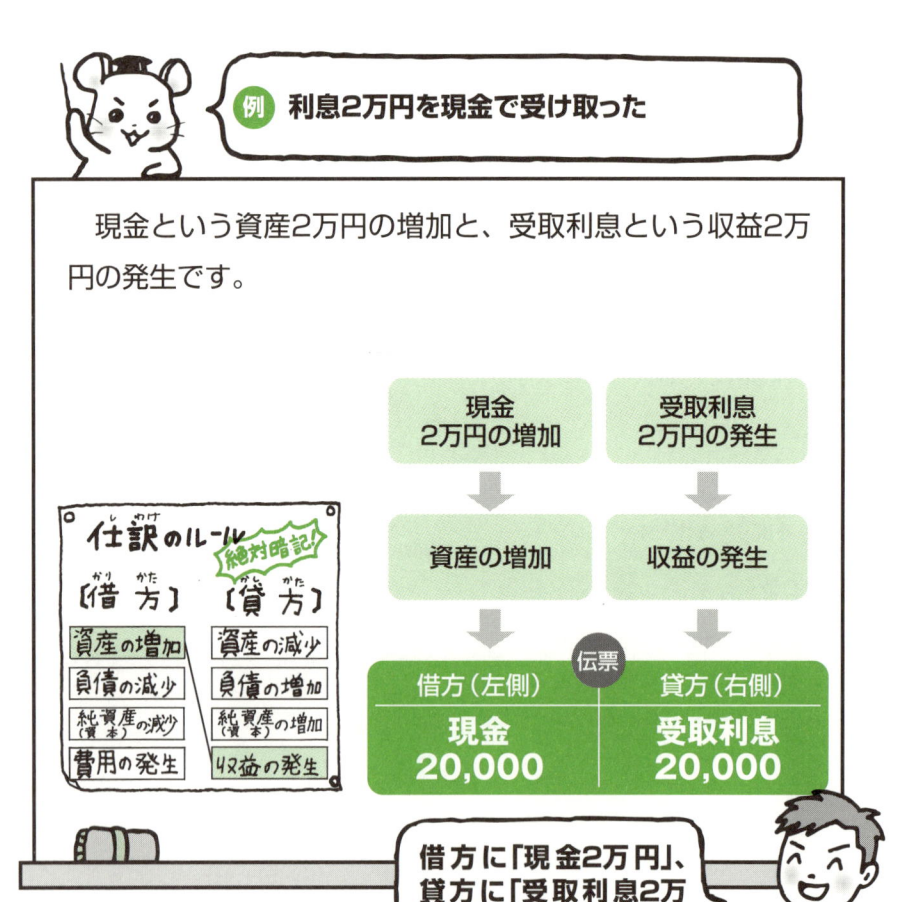

例　利息2万円を現金で受け取った

現金という資産2万円の増加と、受取利息という収益2万円の発生です。

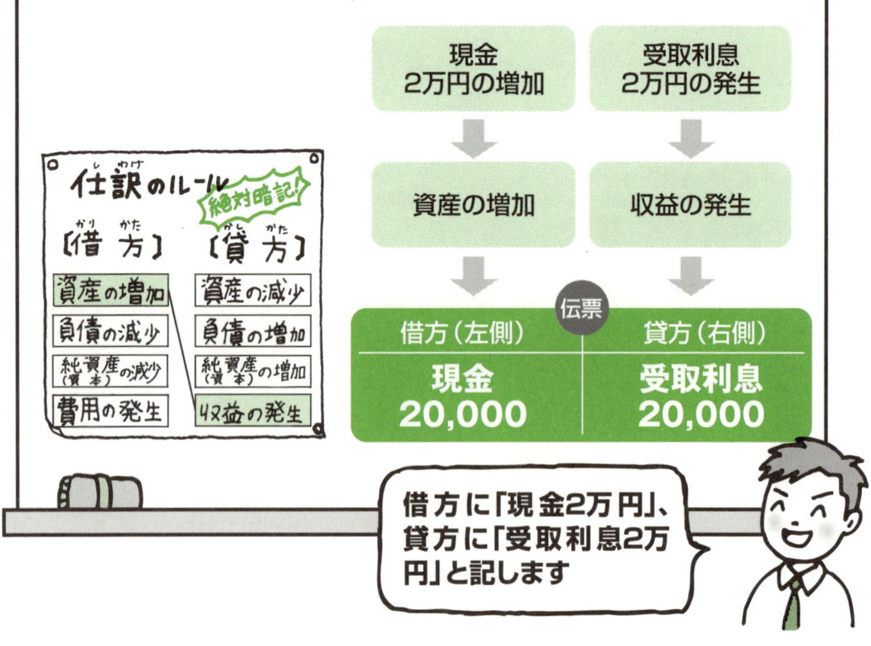

有価証券売却益の仕訳

所有している株式や社債・国債などの有価証券を売って売却益が出たときは「有価証券売却益」という勘定科目を用いて記録します。一時期、財テクがブームになり、本業よりも有価証券売却益のほうが多いなどという例もあったようです。

例 **200万円で購入した株式が250万円に値上がりしたので売却して現金を受け取った**

現金250万円が増加し、有価証券200万円が減少します。有価証券売却益は、200万円のものが250万円で売れたわけですから、差し引き50万円です。

現金250万円の増加	有価証券200万円の減少 有価証券売却益50万円の発生
↓	↓
資産の増加	資産の減少 収益の発生
↓	↓

伝票

借方（左側）	貸方（右側）
現金 **2,500,000**	**有価証券** **2,000,000** **有価証券売却益** **500,000**

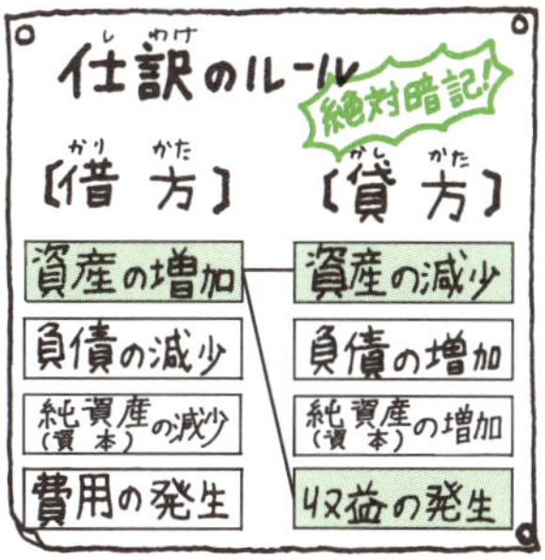

借方に「現金250万円」、貸方に「有価証券200万円」・「有価証券売却益50万円」と記入します

ドンドン
仕訳しよう!

練習問題

問題

1 現金500万円を資本金とした会社を設立した。

2 現金100万円を当座預金に預け入れた。

3 X社の株式53万円を購入し、
手数料1万3,000円と共に現金で支払った。

4 商品を20万円で売上げ、代金は掛けとした。

5 商品を130万円で売上げ、約束手形を受け取った。

解答

1 の解答　伝票

借方（左側）	貸方（右側）
現金　5,000,000	資本金5,000,000

2 の解答　伝票

借方（左側）	貸方（右側）
当座預金　1,000,000	現金　1,000,000

3 の解答　伝票

借方（左側）	貸方（右側）
有価証券　543,000	現金　543,000

4 の解答　伝票

借方（左側）	貸方（右側）
売掛金　200,000	売上　200,000

5 の解答　伝票

借方（左側）	貸方（右側）
受取手形　1,300,000	売上　1,300,000

6 売掛金100万円の決済に、約束手形を受け取った。

7 会社設立の登記料30万円を現金で支払った。

8 事務所用の机と椅子・応接セット35万円を購入した。
代金は1カ月後に支払うことにした。

9 新株を1,000万円で発行し、500万円を
資本金に組み入れ、500万円を資本準備金とした。
当座預金に払込を受けた。

10 銀行から現金500万円を借入れた。

11 商品40万円を掛で仕入れた。

12 買掛金40万円を約束手形で支払った。

6 の解答　伝票

借方（左側）	貸方（右側）
受取手形　1,000,000	売掛金　1,000,000

7 の解答　伝票

借方（左側）	貸方（右側）
創立費　300,000	現金　300,000

8 の解答　伝票

借方（左側）	貸方（右側）
備品　350,000	未払金　350,000

9 の解答　伝票

借方（左側）	貸方（右側）
当座預金　10,000,000	資　本　金　5,000,000 資本準備金　5,000,000

10 の解答　伝票

借方（左側）	貸方（右側）
現金　5,000,000	借入金　5,000,000

11 の解答　伝票

借方（左側）	貸方（右側）
仕入　400,000	買掛金　400,000

12 の解答　伝票

借方（左側）	貸方（右側）
買掛金　400,000	支払手形　400,000

13 交通費1万円を現金で支払った。

14 ガス料金4,500円を現金で支払った。

15 ラジオコマーシャルの料金250万円を現金で支払った。

16 受取手形200万円を割引き、割引料3万円を差し引かれ197万円が当座預金口座に入金された。

＊手形の割引とは、手形の支払期日前に割引料を支払って、手形を銀行に売却することです。割引料は売却損となります。

17 現金30万円を貸付けた。

18 乗用車250万円を購入し、小切手を振出し、支払った。

13 の解答　伝票

借方（左側）	貸方（右側）
旅費交通費　10,000	現金　10,000

14 の解答　伝票

借方（左側）	貸方（右側）
水道光熱費　4,500	現金　4,500

15 の解答　伝票

借方（左側）	貸方（右側）
広告宣伝費　2,500,000	現金　2,500,000

16 の解答　伝票

借方（左側）	貸方（右側）
当 座 預 金 1,970,000 手形売却損　30,000	受取手形　2,000,000

17 の解答　伝票

借方（左側）	貸方（右側）
貸付金　300,000	現金　300,000

18 の解答　伝票

借方（左側）	貸方（右側）
車両運搬具　2,500,000	当座預金　2,500,000

PART 5

決算は簿記のゴールだ

ついに決算！
貸借対照表と損益計算書がつくれれば、
もう簿記はバッチリです。
決算の手順を見ていきましょう。

コーヒーブレイク～♪
給湯室
よ！ミサキちゃん元気？
…じゃないみたいだね疲れた顔で…
疲れてますぅ～
今決算期で大忙しなんですよ
もう経理部全員テンテコ舞いです～踊りまくりですよ
た、大変そうだね～
うわ～
ところで決算ってどんな事するの？
とりあえず今、試算表をつくってるんですけど…
う～ん、その後はなにするんだろ？
そう！いよいよ決算なんです！
その時がやってきたのです！
わー出たー！

決算とはズバリ!「会社の1年間の成果を見るもの」です!
会社
会社
1年間営業を行った結果
いくら利益が出て財産の状態がどうなったかが、この決算であきらかになるのです!
そりゃそうだけど具体的には
なにをするの?
そうですね まずは順番に
①試算表の作成
②決算整理
③損益計算書と貸借対照表の作成
ーとなります
今 ミサキちゃんがやってる試算表づくりが終わると決算整理
ここで最終的な修正をします ここが一番やっかいかもしれませんね
減価償
貸倒引当金
繰越商品
でも ここを乗り越えれば あと少し!
そしていよいよ決算書!
貸借対照表と損益計算書の作成に入るわけです!
○○年度 決算書
ハアハア
あとちょっと
ハアハア
こうして1年間を振り返ることで会社の現在・過去だけでなく未来まで見えてきますよー
さあ一緒に見に行きましょう!

決算とは？

ついに決算期！　会社の１年の成果を見ていこう

仕訳がわかれば、決算はこわくない！

これまで仕訳《しわけ》を学んできましたが、いかがですか。仕訳ができるようになったら、しめたものです。簿記のセンスが身についたと自信を持っていいでしょう。これから学ぶ決算《けっさん》などは恐れるに足りません。ゴールは間近！　がんばっていきましょう。

まず、決算とは何かを確認しておきます。

「決算とは、1年間の経営の成果を見るものです」

すでに学んできたことですが、日々の取引の伝票や帳簿への記録は、この決算をめざして行われるのです。

決算の順序を復習しよう

Ｐ32でも説明しましたが、会社の決算は、次のような順序で行われます。

（1）試算表《しさんひょう》の作成

（2）決算整理《けっさんせいり》

（3）損益計算書《そんえきけいさんしょ》と貸借対照表《たいしゃくたいしょうひょう》の作成

簿記全体の流れを復習しよう！

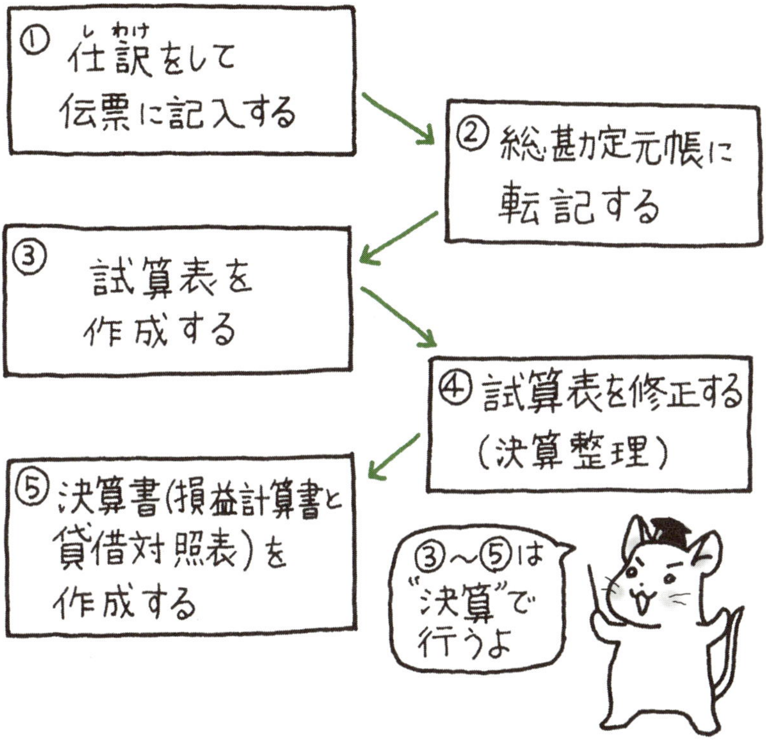
①仕訳《しわけ》をして伝票に記入する
②総勘定元帳に転記する
③試算表を作成する
④試算表を修正する（決算整理）
⑤決算書（損益計算書と貸借対照表）を作成する
③～⑤は“決算”で行うよ

営業を１年間行った結果、いくら利益が上がって、財産の状態がどうなったかをあきらかにする１年間の締めくくりが決算なのです。

会社にとって、とても大切な作業ですから、決算の時期になると経理部では毎日が緊張の連続です。

次ページから、決算の手順を順番に見ていきましょう。

試算表

試算表を作成してみよう

試算表の作成手順は？

日々の取引は借方《かりかた》（左側）と貸方《かしかた》（右側）に仕訳《しわけ》されて伝票に記入され、各勘定《かんじょう》科《か》目《もく》ごとに総勘定元帳《そうかんじょうもとちょう》に転記される、というところまではこれまで学んだとおりです。

決算では、こうしてたまった取引の総ざらいを行いますが、最初に行うのが試算表《しさんひょう》の作成です。試算表には、残高試算表、合計試算表、合計残高試算表がありますが、ここでは残高試算表について見ていきます。

残高試算表をつくるためには、まず各勘定科目の借方の合計と貸方の合計を出します。P91の総勘定元帳に転記された現金を見てみましょう。

現　金

日付	摘要	借　方	貸　方		残　高
	売上	1,100,000		借	1,100,000
	仕入		800,000	借	300,000

この例では、借方は1,100,000、貸方は800,000です。借方と貸方の差額は300,000ですね。この差額を**残高**といいます。ここでは借方に300,000の残高が出たことになります。

そして**残高試算表は、総勘定元帳に記入されているすべての勘定科目の残高を集めたもの**なのです。

このとき、借方（左側）、貸方（右側）のどちらに残高が出るかは、各勘定科目が属するグループによって決まっています。

資産グループと費用グループは、必ず借方（左側）に残高が出ます。一方、負債グループ・純資産（資本）グループ・収益グループであれば、必ず貸方（右側）に残高が出ます。

現金は資産グループの勘定科目でしたね。だから必ず、借方に残高が出るのです。

試算表をつくる理由は？

ところで、なぜ試算表をつくるのでしょうか。まず、試算表を作成すると、日々の仕訳や伝票から総勘定元帳への転記が正確に行われたかどうかを確かめることができるからです。

記帳にミスがなければ、**試算表の借方・貸方の残高はピタリと一致します**。このため、会社によっては決算のときだけでなく、毎月、または毎週試算表を作成します。

また、すべての勘定科目を集めて一覧表にすることによって、貸借対照表と損益計算書がつくりやすくなるのです。

次ページで、総勘定元帳から試算表の作成例を見てみましょう。

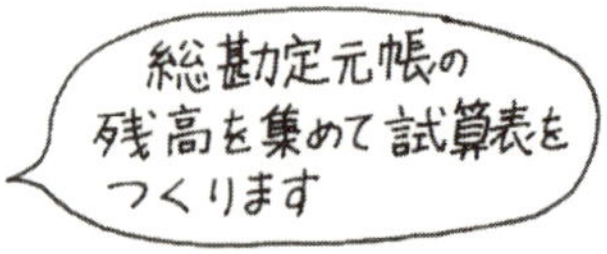
総勘定元帳の
残高を集めて試算表を
つくります

総勘定元帳

資産

現金

日付	摘要	借方	貸方		残高
		110		借	
			80	借	30

建物

日付	摘要	借方	貸方		残高
		80		借	80

負債

支払手形

日付	摘要	借方	貸方		残高
			30	貸	30

買掛金

日付	摘要	借方	貸方		残高
			20	貸	20

費用

仕入

日付	摘要	借方	貸方		残高
		50		借	50

給与

日付	摘要	借方	貸方		残高
		40		借	40

純資産（資本）

資本金

日付	摘要	借方	貸方		残高
	現金		50	貸	50

収益

売上

日付	摘要	借方	貸方		残高
	現金		100	貸	100

残高試算表

残高試算表

現　金	30	支払手形	30
建　物	80	買掛金	20
仕　入	50	資本金	50
給　料	40	売　上	100
	200		200

ミスがなければ
ピタリと一致する

試算表をつくれば
ミスがないかどうか
確かめることが
できるのです!

試算表をつくってみよう!

練習問題

次に示すケースは、ある会社の１年間の取引のすべてです。話をわかりやすくするために、１年間に４つの取引しか行わなかったものとします。

伝票の記入、総勘定元帳への転記、試算表の作成までを行ってみましょう。

〈取引例〉

① 現金100万円を資本金として営業を開始した。

② 商品を50万円で仕入れ、代金は掛とした。

③ 商品を140万円で販売し、代金は現金で受け取った。

④ 給料50万円を現金で支払った。

伝票への仕訳

①

借方（左側）	貸方（右側）
現金 1,000,000	資本金 1,000,000

②

借方（左側）	貸方（右側）
仕入 500,000	買掛金 500,000

③

借方（左側）	貸方（右側）
現金 1,400,000	売上 1,400,000

④

借方（左側）	貸方（右側）
給料 500,000	現金 500,000

総勘定元帳への転記

現　金

日付	摘　要	借　方	貸　方		残　高
①		1,000,000		借	1,000,000
③		1,400,000		借	2,400,000
④			500,000	借	1,900,000

仕　入

日付	摘　要	借　方	貸　方		残　高
②		500,000		借	500,000

給　料

日付	摘　要	借　方	貸　方		残　高
④		500,000		借	500,000

買掛金

日付	摘　要	借　方	貸　方		残　高
②			500,000	貸	500,000

資本金

日付	摘　要	借　方	貸　方		残　高
①			1,000,000	貸	1,000,000

売　上

日付	摘　要	借　方	貸　方		残　高
③			1,400,000	貸	1,400,000

残高試算表の作成

残高試算表

借方		貸方	
現　金	1,900,000	買掛金	500,000
仕　入	500,000	資本金	1,000,000
給　料	500,000	売　上	1,400,000
	2,900,000		2,900,000

必ず一致する

決算整理とは？

決算整理で最終的な修正作業が行われる

一部の科目の修正作業

試算表《しさんひょう》の作成が終わったら、「決算整理《けっさんせいり》」を行います。

決算整理とは、決算時点において最終的な修正を行うことです。企業の日常の営業活動のなかで発生している可能性のある取引でも、取引が発生するたびに帳簿に記すのではなく、一度に記録したほうがよいものもあります。このため、1年の総まとめである決算時に、まとめて計算するのです。

損益計算書と貸借対照表は、決算整理による修正が終わったあとの試算表をもとに作成されます。決算整理を行うことで、正しい決算書をつくることができるのです。

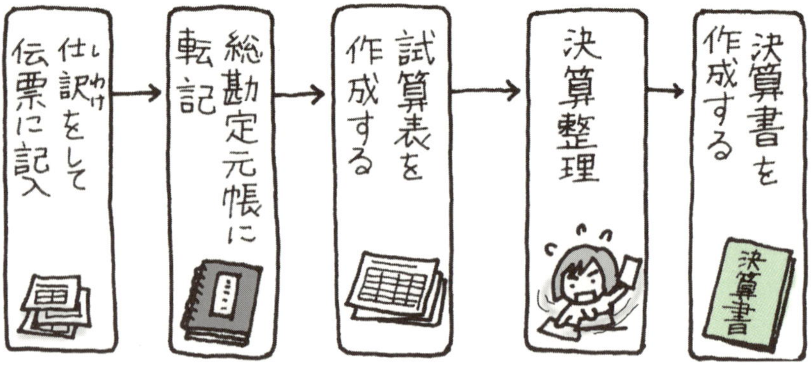

決算整理には、なにがある？

決算整理事項にはさまざまなものがあり、業種などによっても異なりますが、だいたい以下のようなものがあります。

主な決算整理事項

減価償却　貸倒引当金繰入　費用・収益の繰延
費用・収益の見越　仕入と売上原価　現金過不足の整理
有価証券の評価替え　など

決算整理でも、「仕訳」を行う

決算整理といっても、なにも特別なことをするわけではありません。これまでと同じように、１つの取引の２つの側面を、仕訳のルールに従って仕訳していけばよいのです。

それでは、次のページから、主な決算整理事項の仕訳を行っていきましょう。

基本は仕訳と
同じ おそれること
はありません!

決算整理①　減価償却

固定資産の価値の減少を減価償却で計上する

時間が経てば、価値が減少するものがある

骨董品《こっとうひん》やプレミアグッズなど一部のものを除けば、ほとんどのものは時間が経てば経つほど、また、使用すれば使用するほど、その価値が減少していきます。

企業が所有している建物や車両運搬具《しゃりょううんぱんぐ》などの固定資産《こていしさん》も、時間が経てばその価値は減少します。会社の財産の状態やもうけを正しく知るためには、こうした価値の減少を、帳簿に反映させなければなりません。

このように、**固定資産の価値が減少した分だけ帳簿価額を減少させることを、減価償却《げんかしょうきゃく》といいます。**

決算整理では、こうした価値の減少分を減価償却費として費用に計上し、費用の発生と資産の減少、という組み合わせで仕訳します。

乗用車の減価償却費は？

例を出して考えてみましょう。㈱フランスねずみは、1年前に300万円で営業用の乗用車を購入しています。決算整理では、1年分の価値の減少を計上しなければなりません。1年間で減少した価値は、次の式（定額法という）で求めることができます。

$$\text{減価償却費} = \frac{\text{購入したときの金額}}{\text{耐用年数}}$$

耐用年数は法律によって定められており、ものによって異なります。ここでは5年としておきましょう。

300万円 ÷ 5年 ＝ 60万円

となり、60万円分の価値が減少したことになります。

借方に「減価償却費60万円」、貸方に「車両運搬具60万円」と記入します。

決算整理② 貸倒引当金繰入

回収できなくなりそうな債権を前もって費用に計上する

貸倒引当金繰入と貸倒引当金

商品をツケで販売した場合の「売掛金《うりかけきん》」や、手形を受け取った場合の「受取《うけとり》手形《てがた》」などの債権《さいけん》は、相手先が倒産などの事態に陥れば、回収することができなくなってしまいます。このように、債権が回収できなくなることを、**貸倒《かしだおれ》**といいます。

貸倒が予想される金額は、**貸倒引当金繰入《かしだおれひきあてきんくりいれ》**として、前もって費用に計上することが認められています。仕訳を行う際の相手勘定科目は、**貸倒引当金**となります。「引当」とは、将来の事態に備えて、あらかじめ準備して計上することを指します。

貸倒引当金は資産の減少を意味する貸方に属する勘定科目です。費用の発生と資産の減少という組み合わせで、仕訳を行います。なお、貸倒引当金のように資産の金額を修正する働きを持つ勘定を「評《ひょう》価《か》勘定《かんじょう》」と呼ぶことがあります。

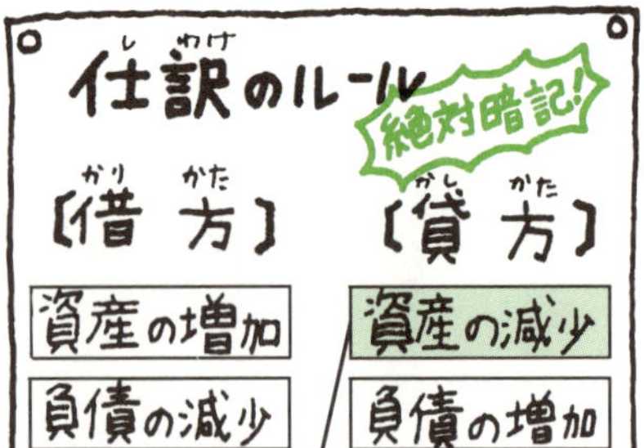

100万円の売掛金が回収不能になりそうな場合は？

それでは、例をあげて実際に仕訳を行ってみましょう。

㈱フランスねずみの取引先であるイタリアンレストランは不景気でお客がめっきり減ってしまい、倒産が噂されています。総額100万円ほどのワインとチーズをツケで売っていましたが、回収するのはむずかしそうです。

とりあえず、イタリアンレストランはまだ存続しているので貸倒は確定していませんが、今期の決算では貸倒引当金繰入として計上しようと思います。貸倒引当金繰入という費用100万円の発生と、貸倒引当金という資産100万円の減少です。

借方に「貸倒引当金繰入100万円」、貸方に「貸倒引当金100万円」と記入します。

なお、この後貸倒が確定した場合には、借方に貸倒引当金100万円、貸方に売掛金100万円という仕訳を行います。

決算整理③　費用・収益の繰延

前もって計上していた費用や収益を繰り延べる

来期分の費用・収益を計上していた場合の修正

当期に費用として支払ってあるが、そのうちの一部は、実は来期の費用とすべきものである、ということがあります。このような場合は、決算整理でこれを当期の費用から差し引いて、来期に繰り延べる修正を行います。これを、**費用の繰延《くりのべ》**といいます。

繰延は費用だけでなく、収益においても起こり得ます。

前払した保険料の修正は？

それでは、例をあげて実際に仕訳を行ってみましょう。

㈱フランスねずみは、火災保険に加入しています。前払で１年分の保険料12万円を支払っています。その際、

借　方	貸　方
保険料120,000	現金120,000

という仕訳を行いました。

ところで、㈱フランスねずみの決算日は３月末日ですが、前払した保険料は６月分まででした。つまり、３カ月分（３万円）の

保険料は、来期の費用なのです。保険料12万円から３万円を減らす修正が必要になります。

前払した保険料３万円を取り消し、「前払保険料」という資産に属する勘定に振り替えます。

前払保険料３万円という資産の増加と、保険料３万円という費用の取消という組み合わせです。

借方に「前払保険料３万円」、貸方に「保険料３万円」と記入します。

決算整理④　費用・収益の見越

当期の費用・収益とするべきものを見越して計上する

当期分の費用・収益を計上していなかった場合の修正

まだ支払っていないので費用に計上していないが、実は当期の費用とすべきものがあります。このような場合は、決算整理でこれを見越して、当期の費用として計上する仕訳を行います。これを、**費用の見越《みこし》**といいます。

見越は費用だけでなく、収益においても起こり得ます。

未払いの利息の仕訳は？

それでは例をあげて、実際に仕訳を行ってみましょう。

㈱フランスねずみは、年利３％で銀行から100万円を借りています。返済期限は１年。全部で３万円の利息がかかりますが、利息は返済日にまとめて払うことになっています。

借りたのは８カ月前です。つまり、２万円（３万円×８カ月／12カ月）の利息が未払いになっていますので、決算整理ではこれを費用として計上しなくてはなりません。

「支払《しはらい》利息《りそく》」という費用に対し、「未払《みばらい》利息《りそく》」という負債を相手科目として仕訳します。費用の発生と負債の増加という組み合わせですね。

借方に「支払利息２万円」、貸方に「未払利息２万円」と記入します。

決算整理⑤　仕入と売上原価

売れ残った商品を来期に繰り越す

費用とするのは実際に売れた分のみ

当期に仕入た商品が、当期中にすべて売れるとは限りません。ふつうは、決算時点で売れ残っている商品があるものです。このような場合は、仕入金額のすべてを費用とすべきではありません。売れていない分まで費用としていては、正しい利益の計算ができないからです。

実際に売れた金額を**売上原価**《うりあげげんか》、売れ残った分を**期末商品棚卸高**《きまつしょうひんたなおろしだか》といいます。売上原価のみを費用とし、期末商品棚卸高は、**繰越**《くりこし》**商品**《しょうひん》という、資産に属する勘定に移し替える必要があります。

1,000万円仕入れて、200万円売れ残った場合の仕訳は？

それでは、実際に例をあげて仕訳を行ってみましょう。

㈱フランスねずみは、今期1,000万円のワインとチーズを仕入れましたが、今期中に売れたのはそのうちの800万円で、200万円が売れ残りました。

売上原価は800万円であり、200万円が期末商品棚卸高となります。200万円を繰越商品として、計上しなくてはなりません。

繰越商品という資産200万円の増加と、仕入という費用200万円の取消しです。資産の増加と費用の取消しという、組み合わせですね。

借方に「繰越商品200万円」、貸方に「仕入200万円」と記入します。

損益計算書のつくり方

費用と収益を集め損益計算書をつくってみよう

試算表から費用と収益を集める

決算整理《けっさんせいり》が終わったら、いよいよ決算書をつくります。まずは損益計算書からつくってみましょう。

つくり方は簡単です。決算整理が終わったあとの残高試算表《ざんだかしさんひょう》（これを、**整理後残高試算表**という）を見てください。

このうち、費用と収益に属するものを集めます。そして、収益の合計から費用の合計を差し引き、当期純利益を出します。

この場合、貸方の収益合計370から借方の費用合計290を差し引いた80を当期純利益として表示します。これで完成です。

損益計算書のつくり方

整理後残高試算表

(借方)		(貸方)	
現金	200	支払手形	100
受取手形	100	買掛金	100
繰越商品	50	資本金	200
建物	300	資本準備金	100
仕入	180	繰越利益剰余金	70
給料	60	売上	350
接待交際費	30	受取利息	20
支払利息	20		
	940		940

損益計算書

(借方)		(貸方)	
仕入	180	売上	350
給料	60	受取利息	20
接待交際費	30		
支払利息	20		
当期純利益	80		
	370		370

貸借対照表のつくり方

資産・負債・純資産を集め貸借対照表をつくってみよう

試算表から資産・負債・純資産を集める

今度は貸借対照表をつくってみましょう。貸借対照表は、決算時のすべての資産・負債・純資産（資本）を１つの表にまとめたものです。

損益計算書のつくり方で用いたのと同じ整理後残高試算表の資産と負債、純資産を書き写します。

ただし、ここで注意してほしいのは、当期純利益が純資産に計上されるということです。損益計算書のところでも見たように、今期の当期純利益は80ありますので、これを純資産に加えなくてはなりません。

また、当期純利益は試算表における

資産 －（負債 ＋ 純資産）

によっても求めることができます。こうして、整理後残高試算表の繰越利益剰余金に、当期純利益を足した150が、貸借対照表の繰越利益剰余金として記入されます。

貸借対照表のつくり方

整理後残高試算表

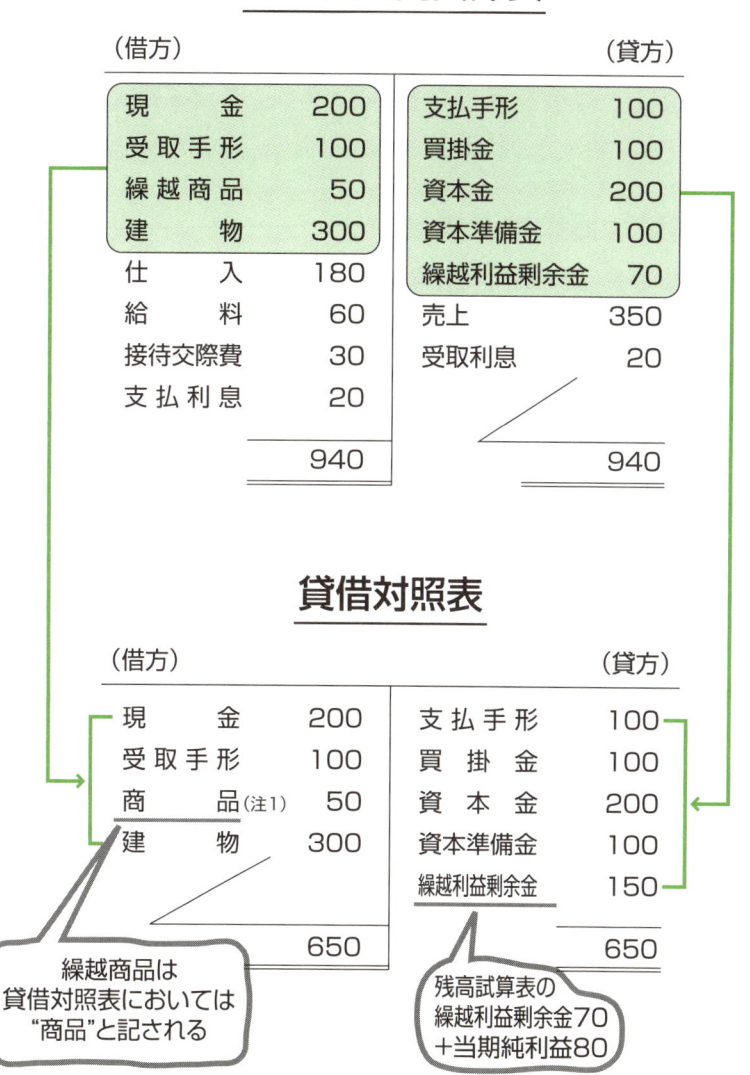

（借方）		（貸方）	
現金	200	支払手形	100
受取手形	100	買掛金	100
繰越商品	50	資本金	200
建物	300	資本準備金	100
仕入	180	繰越利益剰余金	70
給料	60	売上	350
接待交際費	30	受取利息	20
支払利息	20		
	940		940

貸借対照表

（借方）		（貸方）	
現金	200	支払手形	100
受取手形	100	買掛金	100
商品（注1）	50	資本金	200
建物	300	資本準備金	100
		繰越利益剰余金	150
	650		650

繰越商品は
貸借対照表においては
“商品”と記される

残高試算表の
繰越利益剰余金70
＋当期純利益80

貸借対照表と損益計算書

利益の出所は損益計算書でないとわからない

損益計算書は必要ない？

損益計算書《そんえきけいさんしょ》は、会社のもうけをあきらかにする、ということはこれまでも何度も説明してきました。当《とう》期《き》純《じゅん》利《り》益《えき》は、損益計算書の収益から費用を差し引いて求めます。

ところがＰ162では、貸借対照表《たいしゃくたいしょうひょう》の資産から負債・純資産（資本）を差し引くことによっても、当期純利益を求めることができる、と述べています。

「貸借対照表でも利益が計算できるのであれば、損益計算書は必要ないのではないか？」

と疑問に思われる人がいるかもしれませんね。

たしかに貸借対照表でも利益の計算はできるのですが、どのくらいの規模の売上があった結果、いくら利益が生じたのか、というような内容まではわかりません。

たとえば、売上1,000万円で利益が100万円というのと、売上１億円で利益が100万円、というのでは意味がまったく違います。

こう. いったことは貸借対照表を見ただけではわからず、損益計算書を作成してはじめて知ることができるのです。

整理後残高試算表

（単位：千円）

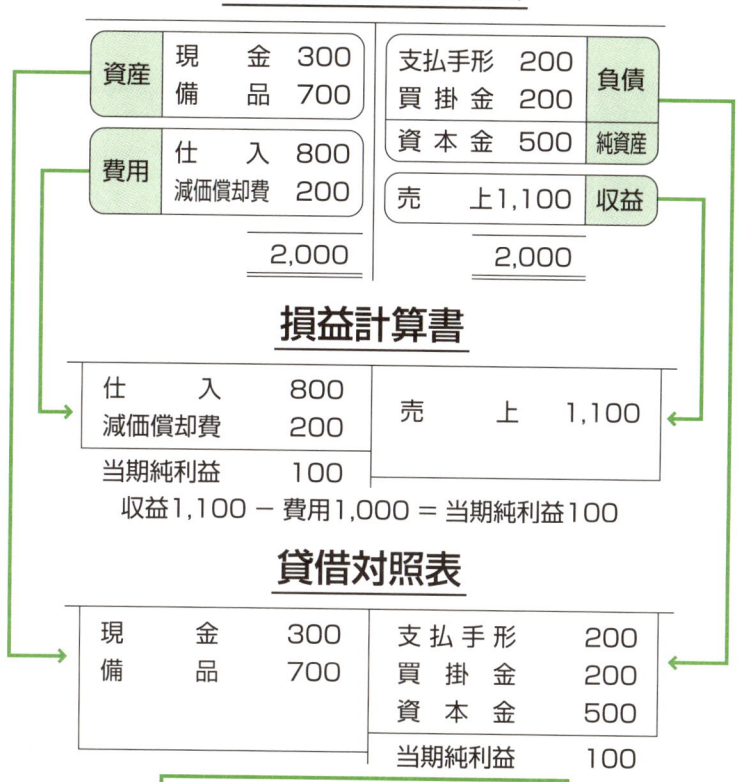

資産	現金	300	支払手形	200	負債
	備品	700	買掛金	200	
			資本金	500	純資産
費用	仕入	800	売上	1,100	収益
	減価償却費	200			
		2,000		2,000	

損益計算書

仕入	800	売上	1,100
減価償却費	200		
当期純利益	100		

収益1,100 − 費用1,000 ＝ 当期純利益100

貸借対照表

現金	300	支払手形	200
備品	700	買掛金	200
		資本金	500
		当期純利益	100

貸借対照表でも利益の計算ができる

どちらで計算しても結果は同じ

収益から費用を引いた場合も、資産から負債と純資産を引いた場合も、必ず同じ利益が出ます。もし異なる利益が計算された場合はミスがあることになります。

上の図を見ると、損益計算書と貸借対照表で、当期純利益の表示場所が一方は借方、他方は貸方と、逆になっていますが、金額は両方とも100で一致しているのがわかります。

精算表

決算書の作成をスムーズにするために精算表を用いることがある

決算の流れをあらわす一覧表

貸借対照表《たいしゃくたいしょうひょう》と損益計算書《そんえきけいさんしょ》をつくれば、ついに決算も終わりですが、ここで「精算表《せいさんひょう》」についても説明しておきましょう。

試算表から決算整理を経て、貸借対照表と損益計算書を作成する決算の流れを、スムーズかつ誤りのないように行うために「精算表」という表を用いることがあります。

精算表を使った決算書の作成

右ページに簡単な精算表を示しました。この表を使って損益計算書と貸借対照表をつくる手順は以下の通りです。

①残高試算表を左端に書きうつす。

②決算整理の仕訳を行い、決算整理の欄に記入する。

③残高試算表の科目のうち、資産・負債・純資産（資本）はその金額を貸借対照表の欄にうつし、費用・収益は、その金額を損益計算書の欄にうつす。その際、決算整理の対象となった勘定科目については決算整理の金額を加減する。

④損益計算書と貸借対照表の貸借差額をそれぞれ計算する。

精　算　表

（単位：千円）

勘定科目	残高試算表		決算整理		損益計算書		貸借対照表	
	借方	貸方	借方	貸方	借方	貸方	借方	貸方
現　　金	300						300	
備　　品	900			200 （−）			700	
支払手形		200						200
買 掛 金		200						200
資 本 金		500						500
売　　上		1,100				1,100		
仕　　入	800				800			
減価償却費			200		200			
当期純利益					100			100
	2,000	2,000	200	200	1,100	1,100	1,000	1,000

当期純利益が生じた場合、その金額を損益計算書では借方に、貸借対照表では貸方に記入する。

エピローグ

簿記ができると こんなに楽しい！

簿記の基本は、しっかり身につきましたか？
簿記ができるようになると、
仕事がもっと楽しくなるはずです。
さらに勉強を進めて、簿記のエキスパートを
目指すのもよいでしょう。

ー数カ月後ー…
フランスねずみ
お手元の資料のとおり
X社さんのここ3年間の決算内容でしたら心配ないと思います
ー営業会議で…
やるな
経理部で….
おーい、誰か手、空いてる人これやってくれー
あ、はい
私できます
お、山下くんスマンね
サク♪ーサク
課長できました
え?もう?
いやぁ成長したねー
お先に失礼しまーす
お疲れ
お、もう帰り?
はい、簿記がわかるようになったら仕事もスイスイ進むようになって…
もっと勉強したいんですけど…
よく言いました!
先生!

たしかに経理部でこれから本格的に活躍していくためには
これまで勉強したことだけでは足りないかもしれないね
簿記道
簿記の道は奥深いんです
えーーっ やっぱりそうなのー
でも大丈夫！簿記のかなめである仕訳を丁寧にやってきたんだから安心していいですよ
土台はバッチリなんだから後は知識を積み重ねていくだけでOK
これからもっと勉強していくにはどうしたらいいのかな？
まずは日商簿記検定の3級を受けることをおススメします
検定かあー
資格ね
よ〜し.やる気でてきたぞー
簿記のエキスパートめざしてがんばるぞー

おわりに

いかがでしょう。簿記の基本をひと通り学習しました。これまで学んできたことが理解できたならば、あとは慣れるだけです。

簿記は手を動かして体で覚えよ

といわれるように、あとは、あなた自身の反復練習にかかっています。実際に練習していく過程で理解もいっそう深まってくるのです。

簿記のセンスが身についたかどうかの目安のひとつは、仕訳がスピーディかつ正確にできるかどうかということです。

現代のパソコン経理では、伝票の仕訳さえインプットすれば、試算表、損益計算書、貸借対照表、その他各種帳簿や分析資料の作成作業は、すべてパソコンソフトがやってくれます。

仕訳ができれば、経理部でも一応は務まるといえるくらいです。

もちろん経理部で中心になって活躍するためには、もっともっと詳しい知識が必要です。決算書や分析資料を読み取って経営計画に役立てたり、予算の編成や統制を行うなどの戦略的業務ができなければなりません。

そのためには、より高度な簿記の知識が必要なわけですが、何をおいても仕訳がその大切な前提となるのです。

本書は、はじめて簿記を学ぶ人のために、できるだけわかりやすく、骨組みを理解してもらうことに主眼をおきました。そのため、細かな枝葉に立ち入って説明することは避けています。今以上に簿記の知識を深めたい人には、より専門的な本を読まれることをおすすめします。

すぐれた参考書がたくさん出ています。本書で基礎をしっかり身につけておけば、面白いように学習が進むはずです。

なお、勉強を続けていく過程で簿記検定試験を受けるのもよいと思います。日本商工会議所の主催で２月、６月、11月の年３回、日商簿記検定の統一試験が行われます。また、ネット試験会場では随時、日商簿記検定のネット試験が行われます。詳しくは商工会議所のホームページで確認しましょう。最初は３級からはじめてください。

基本を身につけたら、さあ、あとは前進あるのみです！

【著者紹介】

浜田　勝義（はまだ・かつよし）

◉——専修学校・大学講座・企業研修において、簿記入門講座や簿記検定１～３級の講師を務める。簿記教育のキャリアは37年。ポイントを絞ったわかりやすい解説と、丁寧な指導には定評がある。

◉——日本簿記学会会員。元全国経理教育協会の簿記能力検定試験作問委員。

◉——主な著書に『日商３級簿記最短集中ゼミ』『日商３級簿記精選問題集』『日商２級工簿最短集中ゼミ』『日商２級工簿精選問題集』共著に、『日商２級商簿最短集中ゼミ』『日商２級商簿精選問題集』（いずれもかんき出版）がある。

はじめての人《ひと》の簿《ぼ》記《き》入門塾《にゅうもんじゅく》　〈検印廃止〉

2005年10月17日　第１刷発行
2025年９月１日　第55刷発行

著　者——浜田　勝義

発行者——齊藤　龍男
発行所——株式会社かんき出版

東京都千代田区麴町4-1-4西脇ビル　〒102-0083
電話　営業部：03(3262)8011㈹
　　　編集部：03(3262)8012㈹
FAX　03(3234)4421　振替　00100-2-62304
https://www.kanki-pub.co.jp/

印刷所——ベクトル印刷株式会社

ISBN978-4-7612-6290-7 C0034